小さな会社の赤字が消える

仕事の片付け

磯島裕樹
Hiroki ISOJIMA

自由国民社

はじめに　仕事のゴミを捨てなさい！

あなたが働けば働くほど「仕事のゴミ」が増える？

これは社員10人を抱える零細企業のワンマン社長と、その会社のエース社員の会話です。

社長「この仕事を新人にも任せたいけど、今回は急ぎだからなぁ……」

エース社員「教えている時間はなさそうですし、あとで修正や調整をする手間もかかりますよね……」

社長「そうだよなぁ。よし、またいつものように、私と君とで半分ずつ分担しよう！」

これは、中小零細企業によく見られる光景です。

実は、利益を自分の給与以上に出している人材は、社内のわずか2割と言われています。

特に、中小零細企業の場合、社長や幹部が自ら実務をおこない、少数のエース社員のみに仕事が集中するというケースがよくあります。

フリーランスや個人事業からスタートした社長は、たとえ法人化しても、個人事業者の意識がなかなか変わりません。

しかし、それでは、人件費をドブに捨てているようなものです。

本来、仕事は社員全員で分担しないといけません。しかし、この会社では8割の人材が十分に力を発揮できていないのです。


もう1つ重要なポイントがあります。

この会社では社長が実務に時間を取られることで、経営全体における課題解決が後回しになっています。それにより、本当に大切な**ミッション**や**ビジョン**などの**目的・目標**を見失ってしまい、**組織崩壊**に陥ってしまう可能性もあります。これは経営者が「やらなくていいこと」に労力を割き、「経営をしていない」ということを意味します。


2020年の新型コロナウイルスの流行以降、ほとんどの企業がワークスタイルの変革を余儀なくされました。

これまでやっていた会議は必要だったのか？　オフィスに毎日行く必要はあったのか？

……などなど新しい疑問が多数生まれました。

これらのように本来、やらなくてよかった仕事のことを私は「**仕事のゴミ**」と呼んでいます。

他にも、次のような仕事のゴミが存在します。

- **自己満足でやっている仕事**
- **実は利益が出ていない仕事**
- **会社の目的にあっていない仕事**
- **価格競争に陥っている仕事**
- **属人的な仕事（あの人しかできないと思っている仕事）**
- **優秀な正社員がやっているルーチンワーク**
- **5年前から変わらない仕事**
- **仕事のための仕事**

などなど、本著は、これらのような「仕事のゴミ」を一掃し、あなたの会社の利益を増大させる「**片付け経営術**」の本です。

「片付け経営術」は、私の提唱する経営改善メソッドです。

現在私は、中小零細企業向けに「片付ける経営」というコンサルティングサービスを提供しています。これは、売上アップ、業務改革、人材活用、働き方改革、ＩＴ経営といった様々な企業のニーズに対して、「**すてる・わける・しまう**」の３ステップを軸に、どのように効率化するかを提案するサービスです。

この本では、コンサルティングの現場で実際に使用している「強み事業に絞り、高く売る方法」と「無駄な仕事（ゴミ）の片付け方」の２つを、あますところなくお伝えしていきます。

　そして、ゴミを片付けたあと、真に重要な仕事に対して最適な人材やＩＴツールを有効活用してさらに効率化する方法も、洗いざらい網羅していきます。

　無駄な仕事が徹底的に排除されれば、自社の強みを活かした商品・サービスに気づくことができます。そして、その商品・サービスを望む顧客が必ずいます。自社の強みは当たり前すぎて気づかないことも多いですが、スッキリした状態で、これに気づけば、本当に利益を生み出す業務にさらに集中できます。

　そして、貴社の顧客から見たメリットもあります。貴社の商品・サービスがより「鮮明に見える」ようになります。

　つまり、「顧客が価値を感じる」ということです。

　そうなると、商品やサービスが高く売れるというメリットも生じ、経営改善、業績向上、Ｖ字回復……などを急速に達成することが可能となります。

「強み事業がわからず、それを育てられていない」
「倒産をなんとか回避したい」
「テレワーク化以前に、ＩＴ化についていけない」
「社員を育ててあげられず、本当は申し訳ないと思っている……」
「本当はやりたい事業があるのに、目の前の仕事に追われて全然着手できない……」

この本は、そんな経営者の悩みを解決する本です。

「片付け経営術」で「仕事のゴミ」をさっさと片付ければ、あなたが本来描いていた「理想の経営」ができるようになります。

資金繰りに困ることがなく、順調にビジネスを成長させ、諦めていた事業を収益化し、人から感謝され、社員やその家族の笑顔が浮かぶような、そんな会社経営です。

この本で解説する「片付け経営術」をさっそく今日から取り入れ、理想の経営を着実に実現させていきましょう！

人生最大の重荷「１２０億円の案件」で「片付け経営術」に目覚めた！

私のライフワークは、**「働きやすい環境をつくる」ことで企業と人を豊かにする**ことです。

ここでは、そんな「片付け経営術」の誕生秘話をお話ししたいと思います。

元々私はＮＴＴデータで、基盤系のシステムエンジニア（ＳＥ）の仕事をしていました。

そこでは、多種多様かつ規模もさまざまな事業のソリューション開発を手がけました。顧客が抱える無数の情報、無数のタスクを、システムによっていかに適切に効率よく運用するか……。そんな課題と常に向き合う毎日を送っていました。

30代前半のあるとき、私は１２０億円規模の案件のリーダーに任命されました。やりがいはもちろんありましたが、その仕事は非常にハードでした。徹夜が何日も続き、その中で集中するあまり、食事を取るのを忘れることもあり、私は倒れる寸前でした。また、失敗したら１２０億円の案件を失う……という「責任」の重圧もありました。

この案件は無事受注できたのですが、その後間もなく私は鬱になってしまいました。数か月の休養を経て、私は同じ職場に復帰しました。休養中から復帰後の時短勤務と、私はずっとモヤモヤしていました。

「これまでと同じような働き方を続けてよいのか」そんなことを考えていたある日、「小学生の頃の自分の声」が頭の中に鳴り響いたのです。

「**効率化**のために、無駄な仕事を徹底的に捨てなさい！」

実は私は、子ども時代、「勉強の効率化の猛者」でした。それにより、中学受験では超難関校のラサール、麻布、慶應義塾中等部、浅野、聖光学院にすべて合格したという実績があります。

そういえば、当時の自分はもっと純粋に、「効率化して結果が出る面白さ」を楽しんでいたな……。そんなことをふと思い出しました。

自分はひょっとしたら、「**効率化**」をテーマに生きる星の下に産まれた、そんな人間なのではないか、とすら、思いました。

今思えばこれが、私の「片付け経営術」が産声を上げた瞬間だったのかもしれません。

無駄な仕事の仕分けに徹することを決めた私は、自分に「SEとして最高レベルの技術がある」と自負していても、あえて実務は全て他のメンバーに振り分けるようになりました。リーダーなのに、自分がついやってしまっていた「ついでの雑務」も他の人にお願いしました。

当時、鬱から復帰した社員は、比較的負担の少ないスタッフ系の仕事を任されることが多かったのですが、私は復帰後3か月で、システム開発の重要プロジェクトにアサインされました。

このプロジェクトは、金融機関の複数のシステムを接続する新規システムで、失敗は許されず、責任重大でしたが、「片付け経営術」を使い、少ないリソースを有効活用して、プロジェクトを遂行しました。

その結果、チームがイキイキと活性化し、トラブルなくカットオーバーすることができ、顧客からはとても感謝されました。

このプロジェクト遂行と並行して、資格取得にもチャレンジし、自分というリソースを有効活用して、中小企業診断士の資格にも合格しました。

そんな経験から、私はさまざまな環境で「片付け経営術」を試したい、と思い、総合コンサルティングファームのベイカレント・コンサルティングに転職しました。

ベイカレントは、経営改善、事業戦略、リソース活用など、会社経営を総合的にサポートする経営コンサルティングサービスを提供する会社です。

ここで、「**仕事の効率化**」をとことん探求し、本書のテーマである「すてる・わける・しまう」を軸とした「片付ける経営メソッド」を完成させました。

その後、「片付け経営術」を専門にサービスとして提供する「片付ける経営」（磯島コンサルティングオフィス）を立ち上げ、２０２０年5月にはコンサルタント仲間と共に「株式会社ProsWork」を創業し、提供するサービスを拡大しながら今に至りました。

１２０億円の案件を抱えていたときの私と同じように、責任者であるというプレッシャーのもと、人に任せられない、自分が頑張り続けるしかない、と考え、疲弊している経営者が数多くいます。

私は、そんな経営者たちにこそ「片付け経営術」を知ってもらいたいと思います。

本書を読みながら、無駄な仕事を片付けて空いたスペースに、どんな夢を詰め込みたいか、ぜひイメージしてみてください。

高単価案件、社会貢献できる事業、不動産購入、従業員への手厚い福利厚生……など、数々の明るい未来が、あなたの会社を待っているはずです。

中小零細企業の経営効率化は「すてる・わける・しまう」だけでいい

２０２０年4月から、中小企業にも働き方改革関連法が順次適用されるようになりました。２０２３年４月からは割増賃金率が大企業と同じになり、違反した場合には罰金が科せられます。主に大企業では、これまで社員の残業によってなされていた仕事を、マニュアル化、外注化、ＩＴ化することに大忙しです。それもうまくいかずに、管理職が過重労働を強いられるケースもしばしば起こり、問題視されます。

しかし、中小零細企業では、そもそも社長が一番働いているのであれば、社員の残業時間が上限を超えることがあまりないかもしれません。

そのため、「働き方改革」による経営効率化、と言われても、「うちには関係ない」と思ってしまう経営者がたくさんいるのです。そんな事情も、中小零細企業が効率化に乗り遅れてしまう大きな原因となっています。

一方で、赤字から脱却したい、利益をもっと上げたいといった中小企業の経営者は大勢います。そのための経営効率化は、とても興味があると思います。

しかし、中小零細企業の経営者は「経営効率化」と聞いてこんなことをイメージするのではないでしょうか。

長年尽くしてくれた社員を冷酷にリストラすること、偉そうな経営コンサルタントからダメ出しを受けること、意味のわからない高額な「なんとかソリューション」を買わされること……。

そもそも、そんなことは必要ありません。

私の提唱する「片付け経営術」はまさに中小零細企業の経営効率化にうってつけの方法

です。

シンプルに、「**すてる・わける・しまう**」という、たった3つの作業をおこなうだけでいいのです。これだけで、無駄な仕事を大幅に省き、生産性のある業務だけを適所適材の人材とツールの利用で、効率的におこなうことができるようになります。

最初におこなう「**すてる**」ですが、これは効率の良い仕事に集中するために、現在の仕事のやり方を見直したり、収益の上がっていない事業を分析して損切をするということです。

すてるためには、社内で誰がどんな仕事をどのように進めているのか、どんな不採算部門があるのかを、まず把握しなければなりません。そこで、現状の仕事を可能な限り全て洗い出し、リスト化します。その中で、生産性の低い業務は「ゴミ箱行き」とします。

例えば、起業して第一号のお客さんだったから、という理由で、「おたくだけは、今まで通りの料金でやらせていただきます！」のような「値上げ除外コミット」をしてしまっている事業です。

あなたの会社が提供している商品やサービスの質は、創業当時と同じではないはずです。価値に見合ったお金を払ってくれない業者は、事情はどうあれ、この際おひきとり願いましょう。

次に、「**わける**」という作業をします。

これは、仕事をゴールから逆算し、タスクフローを細部まで「見える化」し段階分けする、という作業です。

このときに、「４象限マトリクス」が役に立ちます。

例えば、縦軸に重要度を取り、横軸に緊急度を取り、個々の仕事を配置していきます。すると、本当に重要度も緊急度も高い仕事や、重要度は高いが緊急度はそうでもない仕事などを把握することができます。

その他にも、経営者・従業員、利益・コスト、社内・社外、ＩＴ・人間……などの点から、「４象限マトリクス」の色々な組み合わせを作ることができます。

それをもとに、その仕事が、いつ誰によってどのようになされるべきか、といった計画を立てていくのです。

ここでも時間とお金のかけ方、人材や機器の投下方法などを大幅に改善することができます。

最後は「**しまう**」です。

これは、仕事の振り分け先を決める作業です。タスクフロー内の各仕事を、人材・ＩＴ・ＡＩ・ロボットの適任者に振り分けます。

このとき、機能させることで収益率が上がるシステムであること、社長がやらなくても自動的に会社が回るシステムであること、の２点を必須条件として、各仕事を各振り分け先に収納していきます。

すでに「わける」の作業で、最小の時間的かつ金銭的コストで最大の生産性を生む方法を分析済みなので、どこにしまうかはすぐにわかるはずです。

これが私のシンプルながら最大に効果を生む「片付け経営術」です。

うちの会社でもできそうだ、という気がしてきませんか?

「できることしかやれない」と思っていても、その「できること」は意外とたくさんあるものです。

本書では、多数の「すてる・わける・しまう」の具体的事例をさらに細かく紹介していきます。ぜひ、本書でこの「片付け経営術」を身につけ、V字回復、成長企業への変貌、そして幸せな成功者への道を切り開いてください!

目次

PHASE 2 高価値化

事業リノベートで高単価化！

PHASE 3 わける
タスクのガラス張り化で無駄を発見！

PHASE 4 しまう

AIとITシステムで自動処理！

PHASE 1

すてる

仕事のゴミをすてなさい！

仕事を長くやっていると、気づかないうちに本当は必要のないことまでやっていたりしないでしょうか。

本当にやらなくていいことは、もうやめましょう。潔く「すてる」決断をすることで、本当にやるべきことが見えてきます。

この章では、「すてる」にはどうすれば良いかを説明していきます。

TIP 1

その事業、収益が出ていますか？

唐突ですが、ここであなたに質問です。

「今期の利益は現時点でいくらですか？」

同じ質問を経営者に尋ねると、「毎月の売上はわかるけれど、利益までは正確に把握できていない」と返ってくることが多々あります。これまで100社以上の中小企業の支援をさせていただきましたが、多くの企業が利益については〝おおよそ〟把握している程度がほとんどです。

利益を正確に把握できていなかったとしても、結果的に利益が出ているうちは良いのかもしれません。しかし、資金繰りに困るようになると、そういうわけにはいきません。

無論、そういった状況を切り抜けるために私のような仕事があるわけですが、そのような場合、まずお願いしているのが、「出ていくお金をしっかり把握しましょう」ということです。

入ってくるお金と**出ていくお金**、この2つがわかれば、**残るお金（利益）**が明確になるからです。

では、なぜそんな単純なことを経営者の多くが怠ってしまうのか。

１つは、従業員に仕事を任せて、案件収支の情報が把握できていないためです。

仕事を任せられる従業員がいるということは、会社にとって有益です。しかし、いくらお金が出ているかを管理し、それを把握しているのが従業員だけでは、問題があります。従業員が管理できていれば良いですが、実際はその案件を担当している従業員も把握していないケースがあります。

もう１つ、経営者が利益を把握できない原因として考えられるのが、入金と支払いのサイト差を把握できていないことです。

例えば、１月上旬にA社から2月納品予定で３００万円の製品を受注したとします。この製品を作るのに２００万円の材料が必要なので、これをB社に1月中に発注して、予定通り2月にA社に納品しました。この場合B社への２００万円の支払いが2月末日なのに対し、A社からの３００万円の入金は納品後の翌月3月末に行われることになります。このように支払いが先行することはよくあることです。この1案件に関してのキャッシュフローを考えると次ページの表のようになります。

表のように案件としては利益が出ているのですが、お金の出入りは同時ではないため、利益を把握するのが難しくなります。案件が多くなれば、経営者の頭の中で把握するのは不可能です。その結果、資金繰りがうまくいかなくなり、支払いが遅れる、緊急で融資をお

売上	3,000,000
売上原価	2,000,000
粗利	1,000,000
販売費及び一般管理費	200,000
営業利益	800,000

↑案件単位では80万円の利益がある

	1月	2月	3月	
期首残	1,000,000	950,000	-1,150,000	
収入			3,000,000	←売上
変動支出		2,000,000		←原価
固定支出	50,000	100,000	50,000	←販管費
期末残	950,000	-1,150,000	1,800,000	

↑支払いが先行する場合、利益がいつ確定するか
把握しないと資金繰りに行き詰まる（2月）

願いするなど、企業として信頼を失うことにもなりかねないのです。

いくら小さな会社でも、案件すべてのお金の流れを経営者が頭の中で管理するのには無理があります。そのような状態では、案件が増えたり複雑化してくると、管理が行き届かなくなり、経営そのものが立ち行かなくなるのも時間の問題でしょう。

基礎的な話過ぎて笑ってしまうかもしれませんが、実は多くの企業で似たようなことが起きているのです。

デジタル化が進み、経営情報をタイムリーに活用することはやりやすくなっていますが、大企業に比べると、中小企業ではまだまだ遅れている印象があります。

事実、請求書や発注書をその都度Excelで作成したり、それを印刷して紙ベースでのやり取りや保管をしたりしている企業も少なくありません。このような状況では、見積もりから発注・納品、請求までの一連の流れが紐づいた形で全体管理がなされていない可能性が高いといえます。

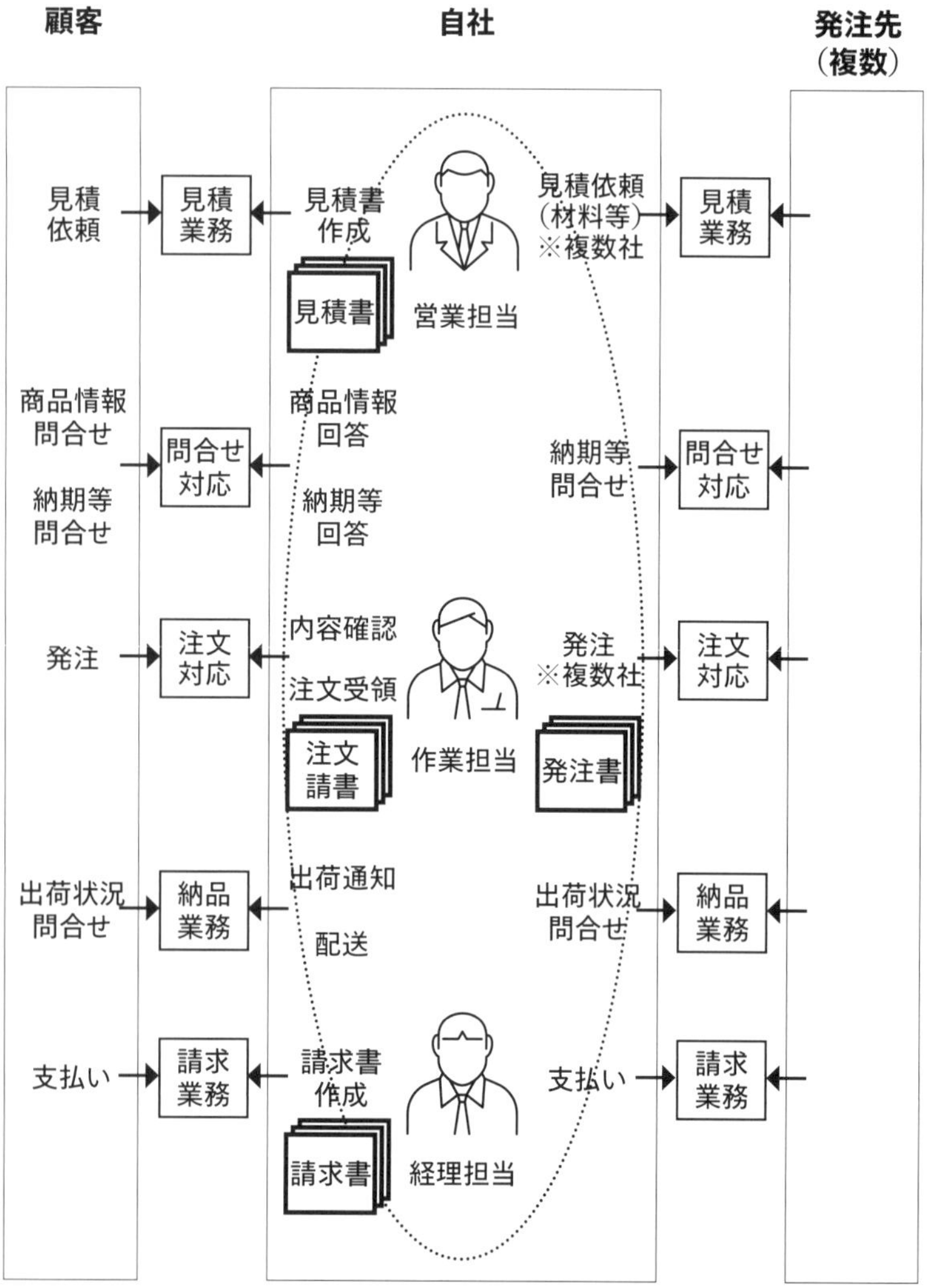

別々の担当者が独自に見積、発注、請求などの伝票を作成。
発注者と請求者も分かれていて、
案件としての利益が把握できないことが…

中には、「税理士さんにお願いしているから大丈夫」と安心している経営者の方もおられますが、税理士の中心業務はあくまで記帳や税務申告書の作成であり、資金繰りは専門外です。税理士に発注書、請求書、領収書などを渡して管理をお任せしていたとしても、記帳をして終わりです。

これまで私がお手伝いしてきた約8割の会社が、会計ソフトを導入していたとしても使いこなせておらず、また会計ソフトでも案件ごとの利益を把握することは難しいため、利益を把握できていなかったという実例があります。

従業員50人ほどの製造業の会社から、「決算をしてみたら利益が前年の半分以下になっていた」という相談を受けたことがあります。

その会社は、コロナ禍による影響を受けながらも、換気対策に有効な新しい製品を販売することで売上を確保し、営業を続けていました。

経営者の見立てでは、売上が例年に近い数値のため、利益も同程度だと思い込んでいたそうです。しかし、いざ決算を行うと、赤字といかないまでも、予想より遥かに利益が少なく、その原因がわからないと言います。

依頼を受けた私は、原因解明に取り掛かりました。

もともと案件単位での収支管理ができていなかったため、解明に1か月以上かかってしまいましたが、遂に原因を突き止めることができました。

この会社では、ずいぶん前から製品の製造にかかる原価の見直しを行っておらず、正確な原価が把握できていませんでした。そのため、新しい製品の価格をこれまでの製品価格と同等に設定することしかできず、新しい製品（案件）で利益率が極端に低くなっていることに気づけなかったことが原因です。特に、工場での製造にかかる人件費が従来よりも多くかかっている点を、見落としていたことにありました。

これらは、売上を求めるあまり、利益を正確に把握することを怠ってしまったがゆえに起こったトラブルです。

そうならないためにも、まずは**入ってくるお金**と**出ていくお金**を、案件単位、月単位できちんと把握しましょう。その上で**残るお金**（**利益**）を計算すれば、原因不明の赤字に陥ることはなくなるのです。

TIP 2

受発注管理システムで原価と利益を1秒チェック

　では、実際にどのように利益を把握すればいいのか、それをこの項では詳しくお伝えします。

　利益把握をするための方法として、**受発注管理システム**を活用してみましょう。

　受発注管理システムとは、見積書、発注書、請求書などの各種伝票を作成できることはもとより、受注や発注に関わる一連の流れを管理できるツールです。最近はクラウドサービスとして提供されているものが多くあります。

　これまでの受発注業務が、前項の図にあるように、各種伝票を別々の担当者が紙やExcelを使って作成して、ＦＡＸやメールで顧客に送付し、独自に管理していたとすると、案件全体としての一元管理が難しくなります。

　しかし、次ページの図のように、受発注管理システムを使えば、見積もり時点で入力したデータを引き継ぎながら、受注や発注、請求といった処理を、別の担当者でも容易に実施でき、発注先や請求先がいくらあろうとも、１つの案件として案件番号が振られていれ

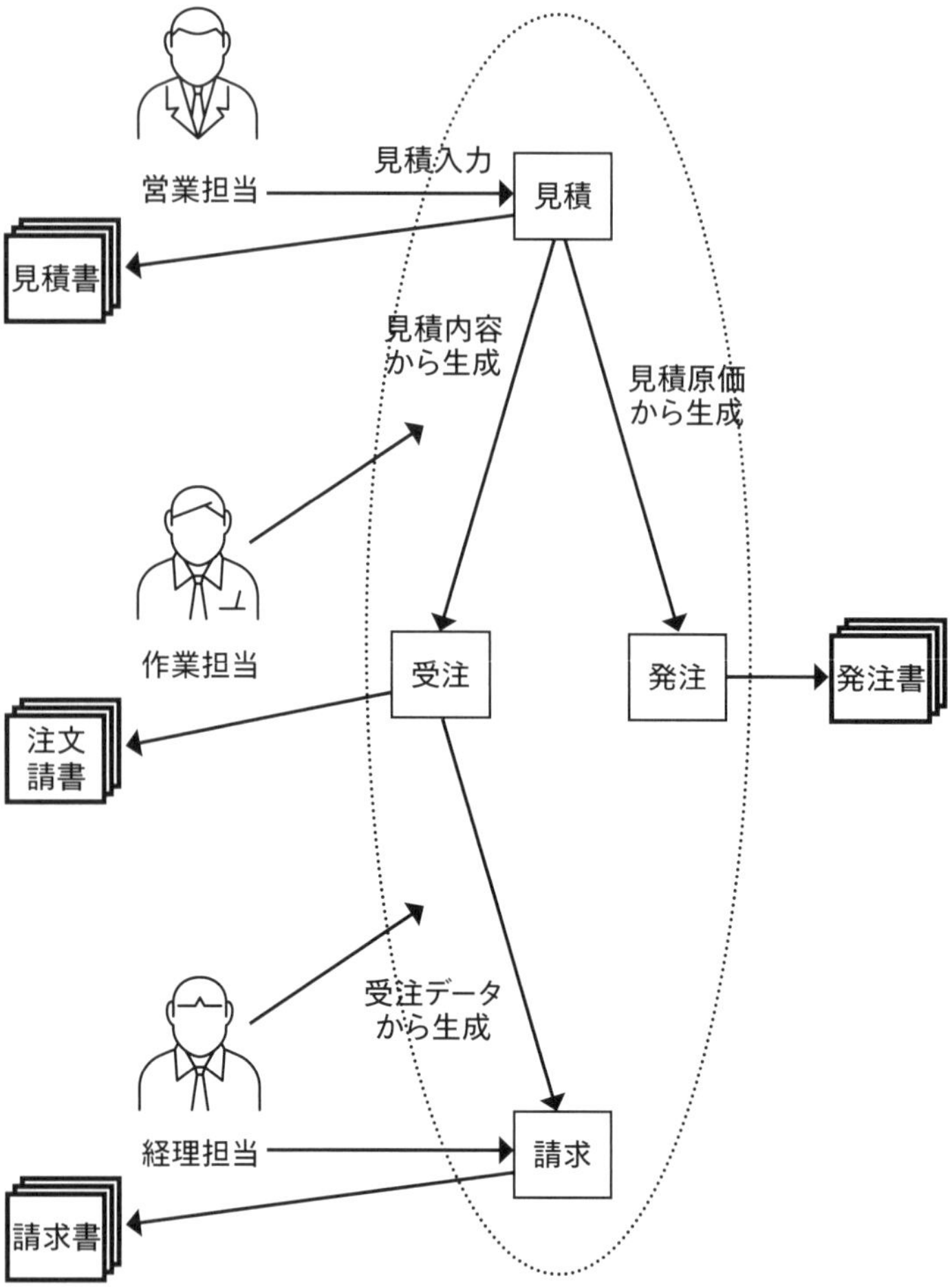

受発注管理システムに入力したデータが、次の工程に引き継がれるため、発注先や請求先が複数あっても、１つの案件として収支の確認が簡単

	タイプ	費用
①スプレッドオフィス https://www.spreadoffice.com/	クラウド	初期費用0円 月額基本料金980円〜
②COREC https://corec.jp/	クラウド	初期費用0円 月額基本料金1480円〜
③MISOCA https://www.misoca.jp/	クラウド	初期費用0円 年額基本料金8000円〜
④楽々販売 https://www.rakurakuhanbai.jp/	クラウド	初期費用15万円 月額基本料金6万円〜

ば、各情報が一元管理され、いつでも収支状況や進捗状況が確認できるようになります。

上の表で紹介したのは、月額数千円程度から利用できる受発注管理ができるシステムとなります。

注意してほしいのは、せっかくシステムを導入したのに、「使い方がわからない」と、これまでの見積書や請求書作成と同様に、Excel代わりに利用してしまうことです。それでは、いつまでたっても現状から抜け出せません。

新しいやり方を定着させることは大変です。しかし、導入することのメリットが明確であれば、モチベーションも上がるものです。受発注管理システムを導入することのメリットとして、例えば次のようなことがあげられます。

・これまで各伝票の内容をExcelに転記して一覧化するなどの作業が必要なくなる
・受発注データを一覧でタイムリーに確認できるため、状況が確認しやすい
・データを引き継ぐことで、受発注内容を確認して、発注

書や請求書を作成し直す手間がかからない
・データから伝票・納品書などが作成できるため、再入力の手間がない
・データをＣＳＶファイル※などで出力すれば、別のツールでもデータ活用できる
・クラウドサービスであれば、外出先からでも受発注の内容を確認できる

※CSV（Comma Separated Values）：各項目間がカンマ（，）で区切られたデータ

従業員それぞれが任された業務で活用することが重要ですが、やはり数字の管理は経営層の方がすべきです。操作方法について相談するのは構いませんが、いち従業員に経営情報の管理を任せることは、後のトラブルになることは目に見えています。ソフトで扱う情報の管理は、経営者が責任をもって実施する必要があります。

トップである経営者が利益を把握していない会社は、職務放棄と言っても過言ではありません。利益がなければ企業は継続できないばかりか、従業員の生活を保障することも、地域、ひいては社会への貢献を行うこともできなくなるからです。

また、従業員の能力や資質を判断する基準は人によって異なりますが、利益という明確な数字は、唯一無二の尺度にもなります。受発注管理システムを活用して案件単位での利益を把握することは会社の経営のみならず、その案件を担当する従業員の業績として評価でき、人事評価においても有効活用することが可能です。

TIP 3 自社商品、サービスを全部並べてみる

会社全体の大きなお金の流れが把握できたところで、今度は自社の商品・サービスを確認してみましょう。あらためて見直してみると、ここにもすてるものがあるはずです。

あなたの会社には、いくつの商品があり、どのようなサービスを展開しているか、その全てを答えることはできますか？

また、どの商品の利益率が良く、人気を博しているサービスは何なのか、正確に答えられるでしょうか。

「うまくいかない」と嘆く経営者の多くは、自社商品やサービスに関しても、利益同様にその特性を把握できていないことが多いです。

現状把握は、今後の指針を決める上でも最重要項目です。

まずは自社商品、自社サービスを全て書き出し、並べてみましょう。

どの商品やサービスが、どのようなお客様にどれくらい売れているのか。

今後、どの層にターゲットを絞り、発信していくことが望ましいのかなど、本来、力を

［コスト志向］

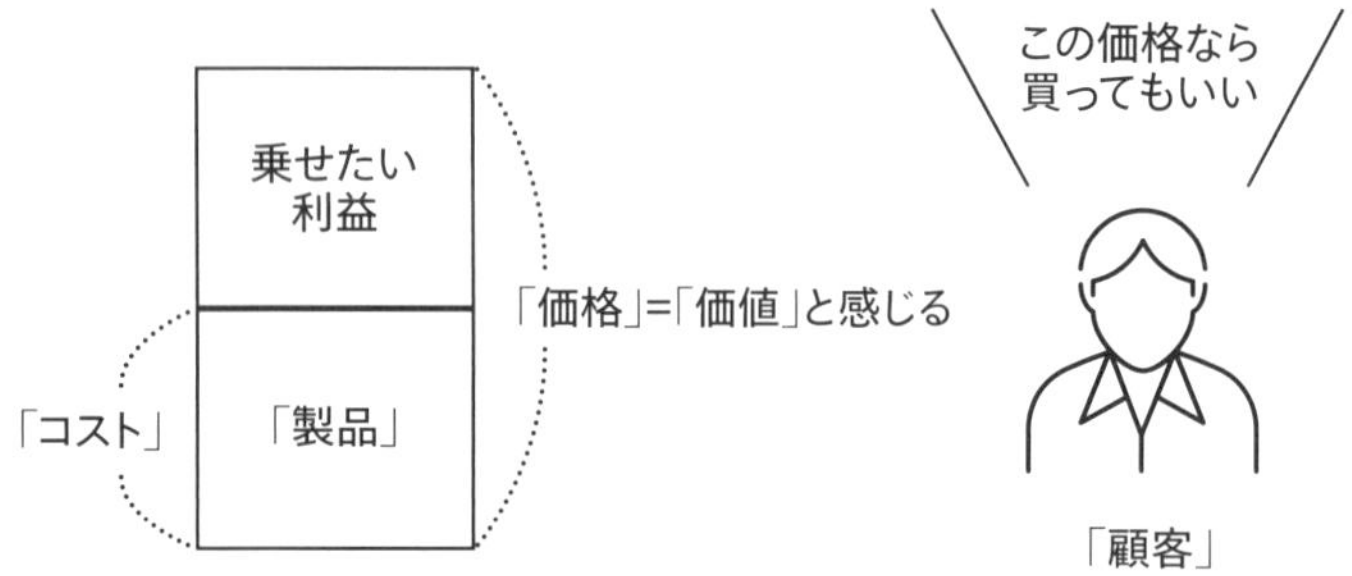

企業が利益を乗せて価格設定をするため、
顧客が買いたい価格でなければ売れない

入れるべき点を明確にするためにも、まずは現状把握をしてください。

当たり前のことを言っているように聞こえるかもしれませんが、事業がうまくいかない経営者の方の多くは、現状を正確に把握していないことがあります。

自社商品、そしてサービスを見直す良い機会でもありますから、ぜひ取り組んでみましょう。

その際、合わせて確認してもらいたいのが「価格」です。

価格設定には、大きく分けて「**コスト志向**」「**顧客志向**」「**競争志向**」の3つの方法があります。

「**コスト志向**」とは、製造に費やした金額である原価に、適正と思われる利益を上乗せする考え方です。確実に利益が得られることから、中小企業では、このコスト志向を価格設定で用いている場合が多いです。これは「顧客」と「競争環境」を考慮しない、コスト回収の発想といえるかもしれません。

「**顧客志向**」とは、新商品・新サービスに価格を設定す

［顧客志向］

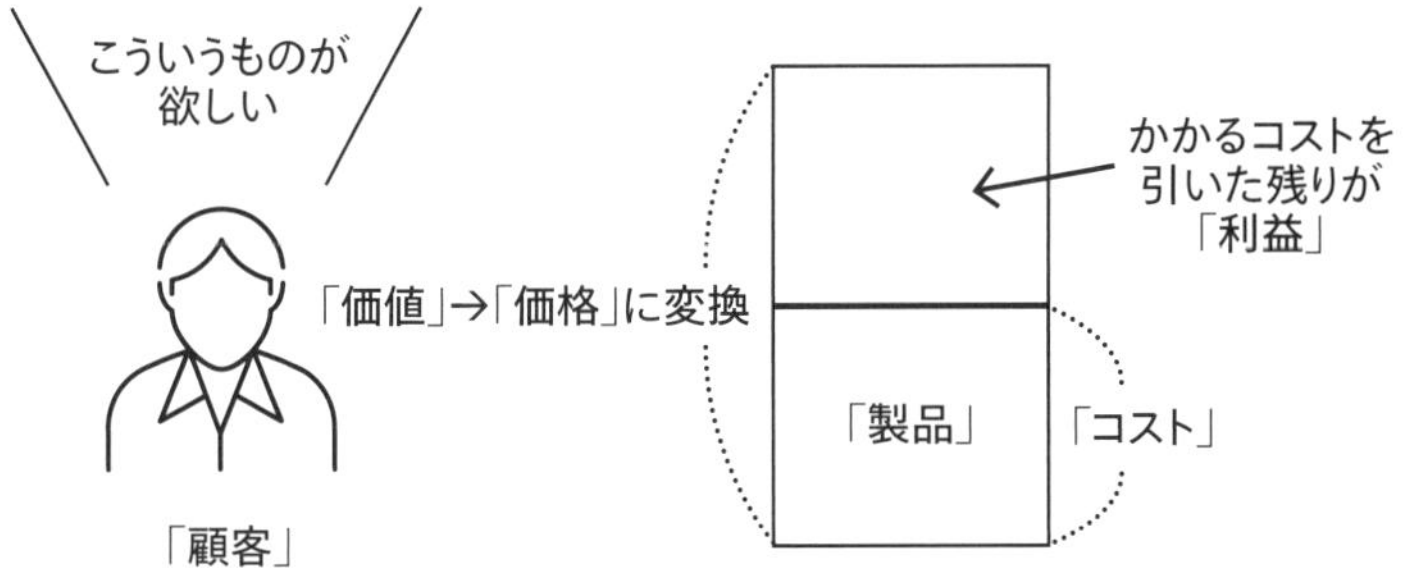

顧客が欲しがる、これまでにない製品・サービスを、
買ってもいい価格で提供できれば売れる

る際に用いられる方法で、顧客のニーズや価値観を調査して価格の設定を行います。市場調査やアンケートなどにより目標価格を決めた後に、その価格で利益が確保できるような商品・サービスの提供方法を確立します。

「競争志向」は、競合企業の価格を参考に、同等程度あるいはそれより低い価格を設定していく方法です。

あなたの会社の商品も、これらのうちいずれかの方法で価格設定を行ったのではないでしょうか。

さて、自社商品とサービスの確認、それら価格の現状把握ができた際に確認してもらいたいのが、売れ筋商品の価格決めです。

実は売れている商品は、価格を高く設定しても売れるものである可能性が高く、設定を見誤っている場合があります。

仮に同類商品が世の中に溢れていたとしても、競合他社よりも付加価値の高い商品、そしてサービスを投入すれば、これまでよりも高い価格で販売することも可能でしょう。そのために必要なことは、**「正しいターゲットに、**

正しい価格で売る」という極めてシンプルな考え方です。次の図の濃い部分を「バリュープロポジション」と呼び、これを明確にするために、顧客視点でお客さんのニーズを徹底的に絞り込むことが重要です。

このように、一回、立ち止まってみて商品を見直すと、より良いサービスの提供の仕方が見えてくることがあります。

本来、高単価で売れる商品なのに、「このくらいの価値だろう」と決めつけ、競合と足並みを揃えているようでは、いつまでも経営は横ばいです。

そこから一歩、前進するためには、お客様に寄り添い、「どうしてこの商品を求めていたのか」、「お客様がどのタイミングで利用するものなのか」といったヒアリングを行ったり、「こんな機能やサービスがあったら嬉しい」といった声に耳を傾けたりすることで、貴社ならではの+αのサービスが生まれるでしょう。

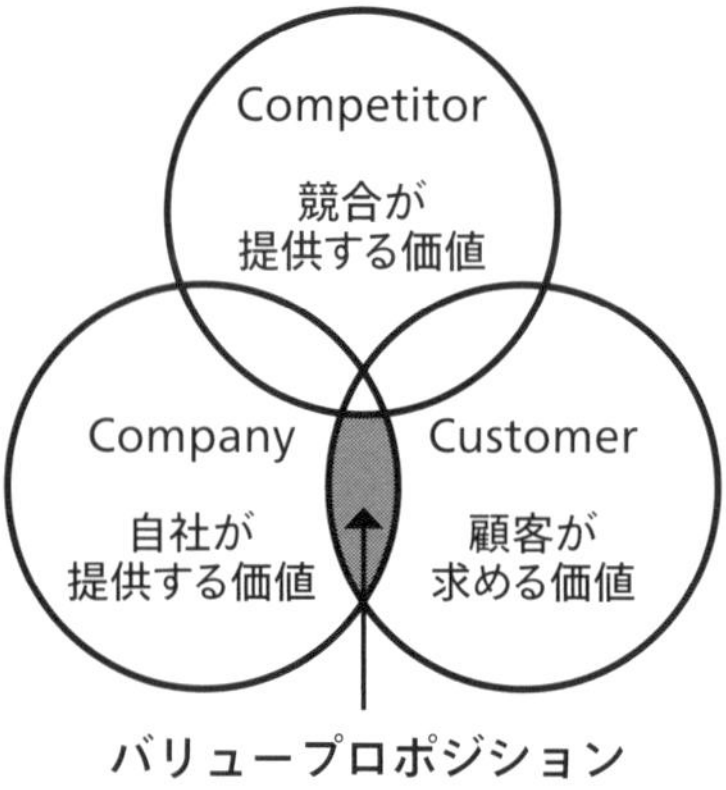

①自社が提供する価値だけでは、顧客は必ずしも買ってくれない。
②顧客が求めている価値と重なっていることが必要。
③競合がその価値を提供できない場合に、顧客は初めて希少性を感じ、高いお金を払おうと考える。

TIP 4

自社商品、サービスのパッケージ化を考える

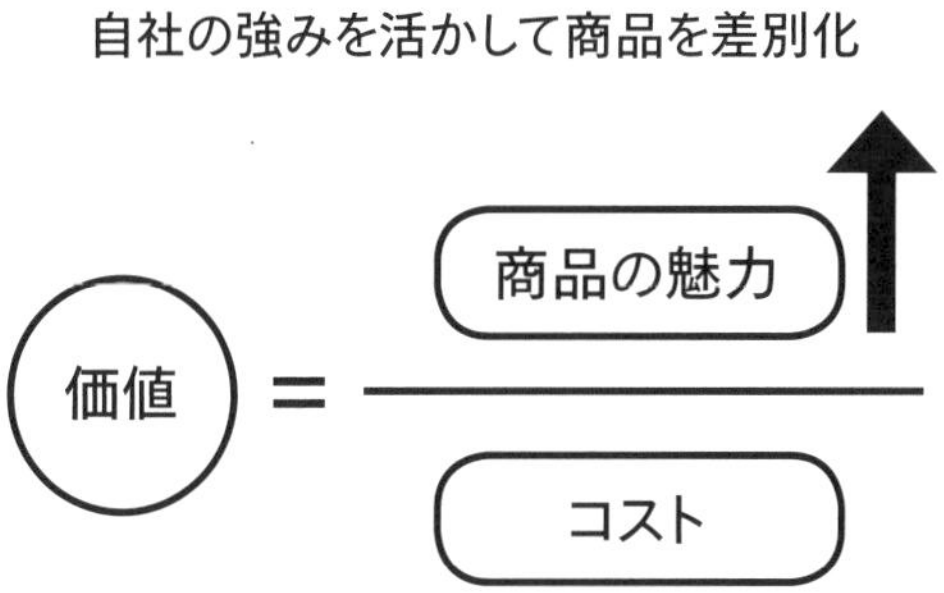

自社の商品、サービスを洗い出してみると、価値が分かりやすいものがあれば、わかりにくいものもあるかもしれません。必要な商品、サービスを把握するには、いかに顧客に価値を分かってもらうかがポイントになります。

自社商品、自社サービスの顧客にとっての利益を把握さえできれば、その組み合わせで価値を高めることができます。他社にはない自社の強みを生かしたパッケージ商品で、差別化をはかりましょう。

特に、目に見えない、形のない商品を扱っている場合は、定義づけをしてパッケージ化すると、面白いくらい売上が伸びることがあります。

それというのも、形のない商品は売りづらく、価格も付け

づらいというデメリットがあるため、あえてそこに対して〝見える形〟にすることが、貴社＆顧客、双方にとってのメリットにつながるからです。

では、どのように「見える形」にして「パッケージ化」するのか。

例えば、システムの受託開発やコンサルティング事業なども、サービス自体にほとんど形がなく、サービス内容・工程・違いが分かりにくいという特性があります。

ですから、お試し期間、デモ、動画を用意するなど、わかりづらかった点を提示・説明することによって、お客様の安心につながるでしょう。

受託開発自体がサービスとして分かりにくいところ、「納品のない受託開発」というサービスを提供しているソニックガーデン社は、次ページの図のように自社のサービスを組み合わせて、パッケージ化しています。

他にも、お客様自身で商品やサービスを選んで見積もりを計算できるよう、オンライン上のサービスを充実させるといった取り組みもパッケージ化といえるでしょう。サイト上の「個別のサービス、詳細はお問い合わせください」というご案内は、消費者心理として、今の時代、敬遠されがちでしょう。

常にお客様の気持ちや行動にフォーカスし、それが汲み取れるようになると、お客様が求めているものを先回りして提供できるようになります。

ご相談から契約まで

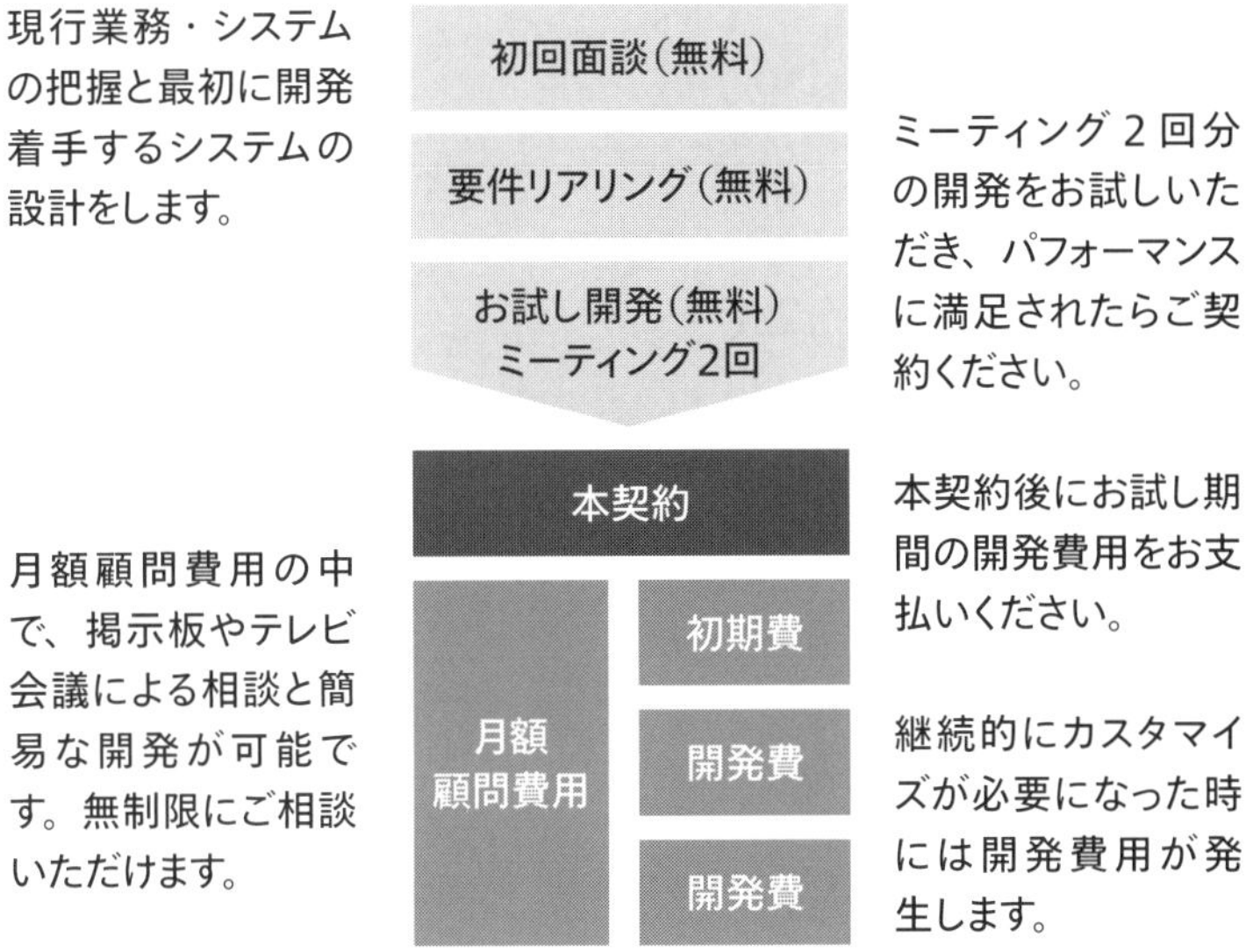

現代は売って終わりではなく、その先にあるお客様の未来への期待まで汲み取れる企業が求められる時代です。だからこそ、積極的にお客様の意見に耳を傾け、取り入れていく姿勢が必要と言えます。

製品・サービスの購入後、お客様はそれを活用して何かを実現しようとするはずです。この瞬間にお客様が体験する喜びや高揚感こそが、価値（顧客体験価値）と言えます。この体験価値を実現するためにボトルネックとなることを見出し、それを解消するための方法を検討します。

例えば、人材紹介会社が人材育成も担うサービスを展開したり、店舗の空調や冷蔵のメンテナンス会社が修理と合わせて普段はできない機械の清掃を行ったりその後の保守サービスをパッケージにします。最近ではＲＰＡ※という業務の自動化ツールがありますが、ただＲＰＡを売るのではなく、パソコン上の操作を自動で記録することで従業員の業務をトレースして、その結果から業務プロセスを分析して、どの業務をＲＰＡにするべきかを提案することをパッケージ化している会社もあります。

　このようなサービスは、お客様の「こういうサービスがあったらいいなぁ」という意見から生まれたものがほとんどです。他愛無い世間話の中にヒントが隠されていることもありますから、そういった意識を持ち、お客様とコミュニケーションを図ることが、ビジネスチャンスに繋がります。

※ＲＰＡ（Robotic Process Automation）：人間がコンピュータ上で行っている定型作業を、コンピュータ上のロボットで自動化すること

TIP 5

私たちの会社の「目的」ってなんですか？

自社の商品・サービスに磨きをかけ、価値を高めても、その価値を正しく届けられなければ意味がありません。そのためには、**商品・サービスが自社の事業目的に合っているか、そしてその目的が従業員に共有されているかが重要であり、顧客に価値を届けるためのポイントになります。**

会社の事業目的は、法律上、定款に必ず定めておかなければならない事項の１つです。しかし、これは企業の活動の範囲を定めるもので、本質的な目的とは異なります。

会社の目的を、単に事業を行い、利益を上げることだけにフォーカスしてしまうと、利益至上主義になりすぎ、経営状況が悪化するケースを何例も見てきました。

正しい目的を掲げて、真摯に実践することができれば、利益は自ずと付いてくるものです。

それを、「もっと稼ごう」とお金にフォーカスし過ぎることで、従業員の働きやすさが失われ、商品も本来の価値を失い、売上が落ちた末に事業の縮小、倒産といったリスクが付いてくるのです。

ですから、根本的に会社がどういう目的を持ち、社会に存在しているかという点をしっかり定義しないと、なかなか利益には繋がってこないでしょう。

大前提として、利益は大事です。

今一度、「何のために?」といった点を深掘りし、会社が世の中にとってどういう役割を持っているのかを理解した上で、自社の理念や使命を思いなおすことが大切です。何のために利益を出す必要があるのかを明確化することで、従業員とも目的を共有できるようになるからです。

目標利益を掲げることはもちろん重要ですが、これだけでは数値目標を表す指標でしかありません。「何のために」その利益を上げる必要があるのかについても共有します。利益は会社を持続的に成長させるために必要な投資の原資です。「新しい設備投資」「従業員の教育訓練」「新しい商品・サービスの開発費用」など、利益の使い道を明確にすることで、従業員の働くモチベーションにもつながります。

ですから、目的を明確にし、その目的を全社一丸となって達成できれば、そこからさらなる展望が生まれ、会社としても、従業員としても良い循環に導かれるでしょう。

ここでは、目的を明確にしたことにより、製品開発に成功した事例を紹介したいと思います。

経営が苦しい中でも理念を貫いた「トレッタキャッツ」

システムエンジニアから転身し、「ペットの幸せを追求すること」を企業理念に、犬のトリミングサロンの経営を始めたトレッタキャッツ社長は、起業当時は苦悩の連続。トリミングサロンはうまくいきませんでした。

そこで次に始めたのが、ＩｏＴを活用した犬の監視機器の製造販売です。

しかし、やはりこの事業もうまくいきません。

けれど、企業理念である「ペットの幸せを追求すること」を諦めなかった社長は、ペット数として猫が犬を逆転したことを機に、猫の健康問題を調査したところ、飼い主が猫の不調に気づいた時には手遅れになっていることが多いことが分かりました。そこで、「ＡＩねこ顔認識技術」搭載カメラ付きの猫トイレで体重・尿量・尿回数・入室回数・滞在時間・経過時間を計測し、飼い主のスマホで愛猫の健康管理ができるサービス「Toletta（トレッタ）」の提供を開始。

これが現在、爆発的ヒットを記録しています。しかも、実業家である前澤友作氏が２０２１年に出資を決めた「13の事業」の１つに選ばれたのです。

社長はもちろん、企業理念を共有し合う従業員も全員愛猫家。「ペットと人がもっと幸せでいられるように」という思いだけで突き進んだ結果、成功をつかむことができました。

TIP 6

その仕事いつからやっていますか？

仕事においても商品においても、長い間続けていると「慣れ」てきます。「慣れる」ことは効率化につながる側面もありますが、同じやり方が長く続くと改善するという発想が生まれにくくなります。商品を売る場合、「慣れ」は売る側としては楽ですが、買う側としては「飽き」につながります。つまり、このような**「慣れ」「飽き」を見直すことで、より効率的な仕事の進め方、商品・サービスの売り方が見えてきます。**この項では、自社の商品・サービスに着目して見直し方を説明していきます。

現状把握と自社商品・サービスの棚卸しをしたら、次に行うのは継続年数のチェックです。その際、考慮してほしいのは、次の2点です。

・その商品やサービスは、何年前に開始しましたか？
・この先も、そのまま継続すべきものでしょうか？

例えば、ＩＴ企業が提供するサービスの形態ですと最近ではクラウドサービスが主流となり、今やさまざまな業務で利用されています。

クラウドサービスが主流となる前は自社内にサーバーを設置して情報システムを保有することを前提としたサービス（オンプレミスサービス）が一般的でした。現在もオンプレミスサービスのみを提供している会社もあります。

製品ライフサイクル

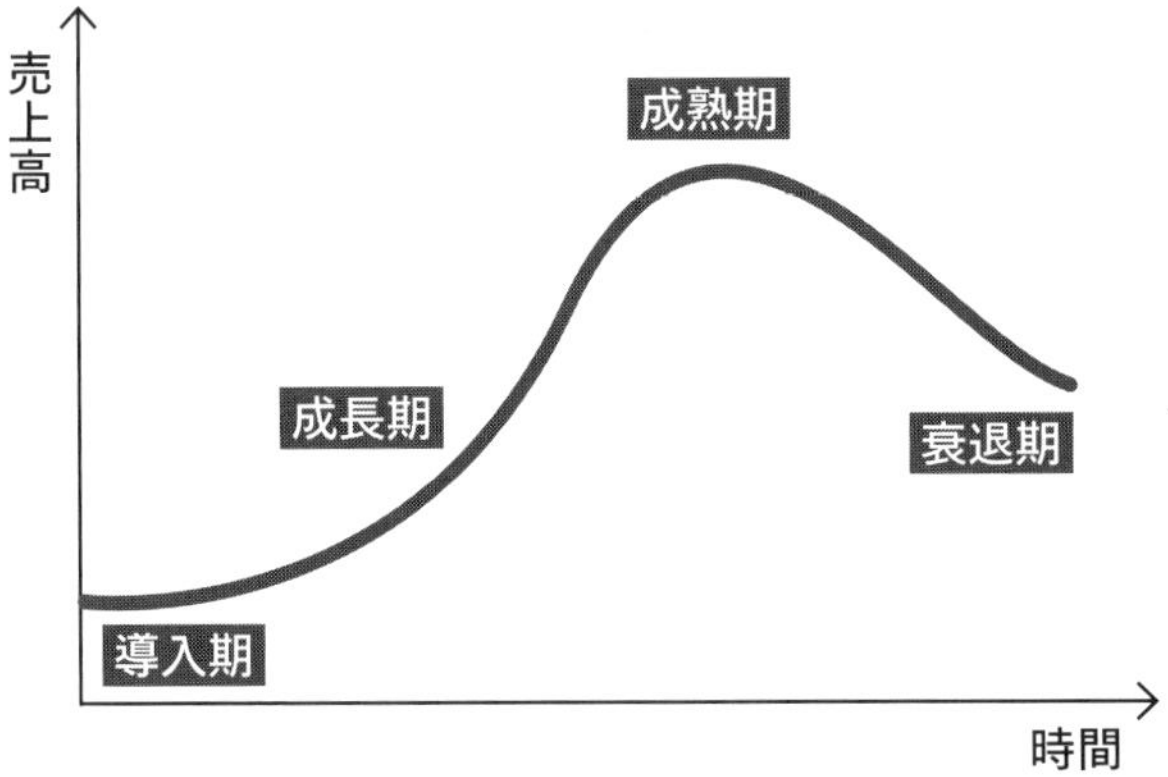

　しかしながら、今までうまくいっていたからと、この先もそのサービスを続けるメリットはどのくらいあるでしょうか？

　残念ですが、「新しいことをする自信がないから」、「新しいことに着手する力がないから」などと言い訳をしてこれまでの商品・サービスにしがみついていても、いずれは商品が売れなくなったり、安値でしか提供できなくなったりと、企業の成長からはどんどん遠ざかっていきます。

　オンプレミスサービスの提供は継続しながらも、同じ機能をクラウドサービスとして提供することができれば、顧客の選択肢は増えて、これまで以上の売上が期待できます。

一般的に、商品が市場に出回ってから撤退するまでには「導入期」・「成長期」・「成熟期」・「衰退期」という4つの段階があるとされ、マーケティング理論では、これを「製品ライフサイクル」と呼びます。

前ページの図の通り、衰退期に入れば売上も減少の一途を辿りますから、この時期に入りかけている商品を継続してもリスクにしかなりえないのです。

自社の商品やサービスが、製品ライフサイクル上のどの時期に当たるかを再度、確認しましょう。

中には、創業当時から続いている伝統的ブランドや、他社との差別化が図れてブランディングもしっかりしている商品など、他社が参入しづらい場合、「成熟期」が長い時間続いて「定着期」になっていると考えられ、一般的な製品ライフサイクルの考え方とは異なるケースもあります。ですが、そうでない商品であれば、本当にその事業を続けることによって、社会に価値を提供できる自信があるのか、客観的に見極める必要があります。

この成長期・成熟期において、企業が効果的に経営資源を再分配するための分析手法に、プロダクトポートフォリオマネジメント（ＰＰＭ）があります。「市場成長性」と「市場における自社のシェア」の2つを軸に、4つの象限［①問題児（Question Mark）、②花形（Star）、③金のなる木（Cash Cow）、④負け犬（Dog）］にわけて、各事業の事業規模の大きさを示す円でプロットし、事業利益創出の難易度、追加投資の必要性を明らかにします。

PPM分析とは

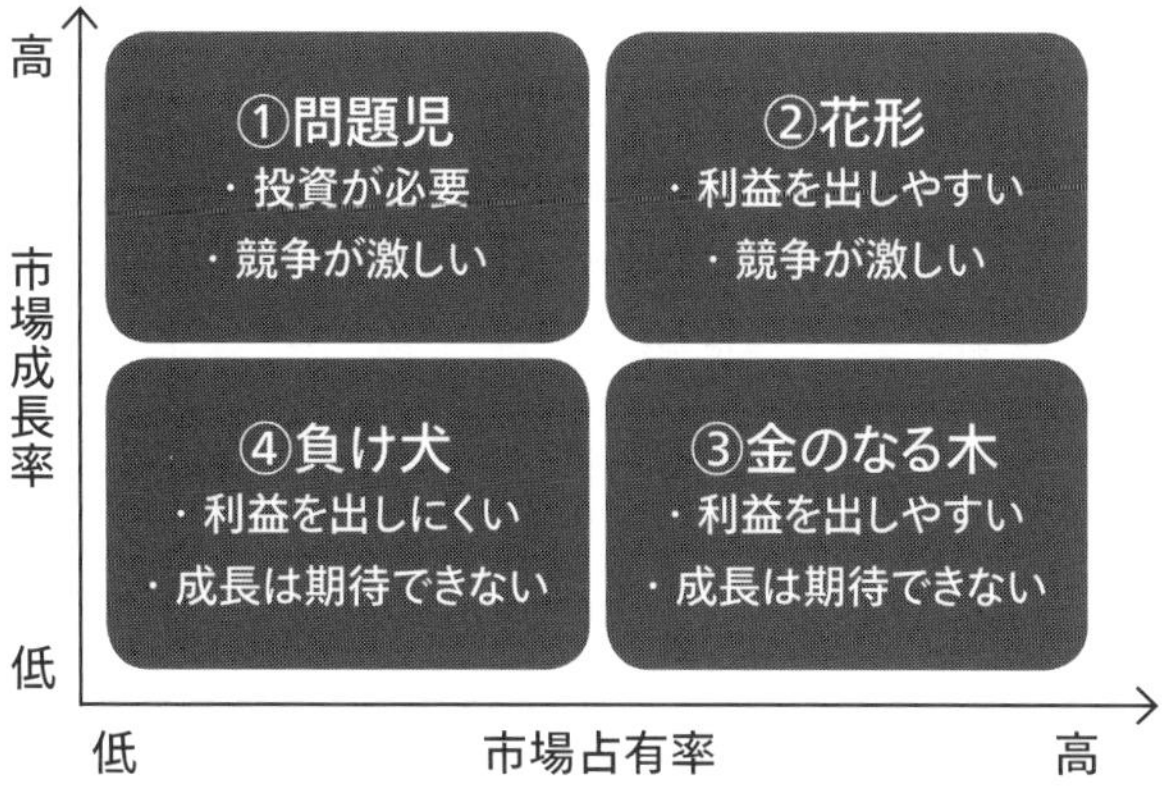

まずは現在ある商品とサービスを、図の中にプロットしていきましょう。

①問題児（導入期〜成長期）

問題児には、市場シェアを高めて、花形を目指すことが対応の目安となります。このエリアにプロットされる商品とサービスの特徴は、**成長率が高く魅力的で競争が非常に激しいにもかかわらず、市場シェアが低い**ことです。利益を出しづらい事業であるため、他の事業からの余剰資金を投資する必要があります。

②花形（成長期〜成熟期）

花形には、投資を継続して、金のなる木を目指すことが対応の目安となります。このエリアにプロットされる商品とサービスの特徴は、**収益が高く今後も伸びる可能性**があることです。競争は非常に激しく、勝ち残るためには積極的な投資を続けることが必要になります。市場シェアが高いため、利益が出しやすい事業であるといえます。

③金のなる木（成熟期）

金のなる木には、稼げるだけ稼いだら、利益を他の事業（問題児、負け犬）へ分配することが対応の目安となります。このエリアにプロットされる商品とサービスの特徴は、**成長率が低く新規参入が少ない**市場です。したがって、競争は緩やかであり積極的な投資を必要としません。市場シェアが高いため、利益が出しやすい事業であるといえます。

④負け犬（衰退期）

負け犬は、早期に撤退を検討することが対応の目安となります。このエリアにプロットされる商品とサービスの特徴は、**成長率も魅力も低く、新規参入も少なければ競争も緩やか**です。市場シェアも低く大きな利益は見込めないため、事業を整理して経営資源を他のエリアへ投資する必要があります。

いかがでしたでしょうか。

「③金のなる木」が生んだ利益で「①問題児」を成長させ、「②花形」→「③金のなる木」となることが理想的な流れです。

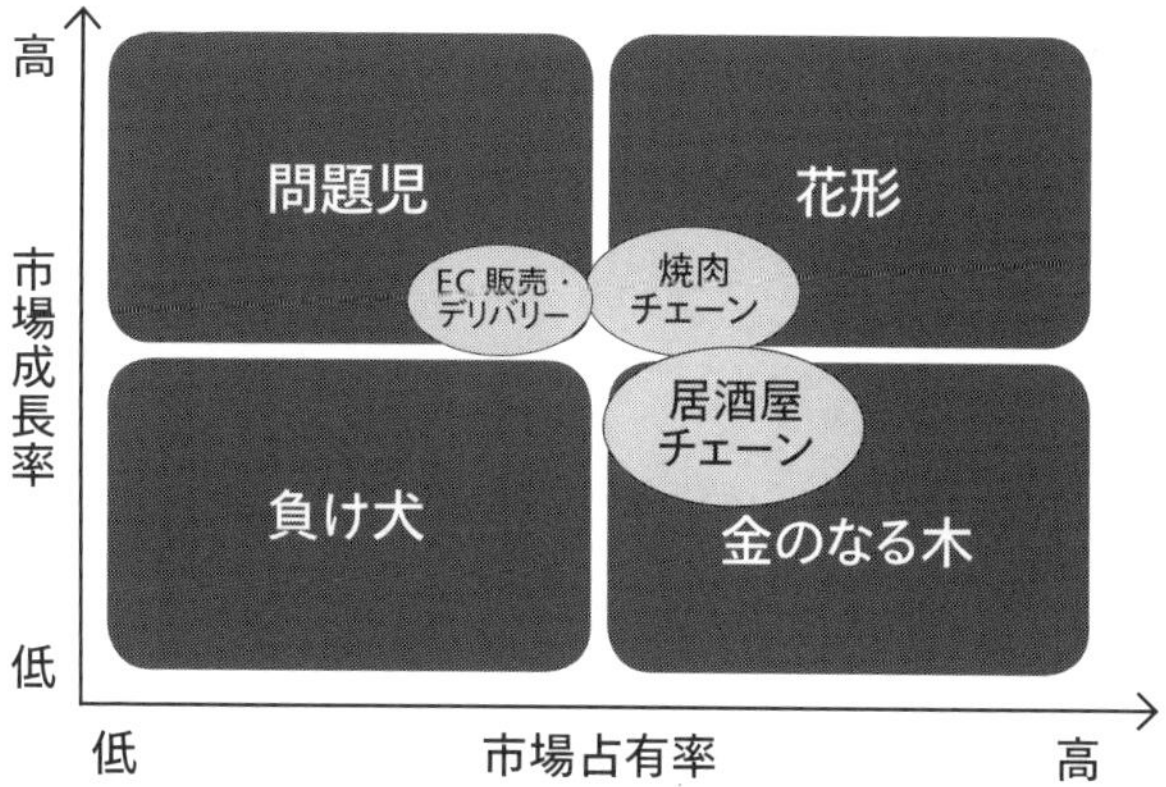

逆に「①問題児」が成長できなかったり、「②花形」がシェアを奪われて「④負け犬」に転落してしまうことが悪い流れです。

では、このPPM分析を活用して、どのように戦略につなげれば良いのか、飲食業の事業展開を例に具体的に考えていきましょう。

居酒屋チェーン・焼肉チェーン・EC販売（居酒屋オリジナル商品）・デリバリー事業の4つの事業を主に展開している企業があったとします。この企業は、新型コロナウイルス流行前は、居酒屋チェーンが安定的に利益を出しながら、後発で始めた焼肉チェーンも店舗数を順調に伸ばしていました。また、まだ利益が出せる状態にはなっていませんが、居酒屋で出しているサラダのドレッシングやスープなどのオリジナル商品のEC販売や、お弁当のデリバリーなどを新事業として始めていました。

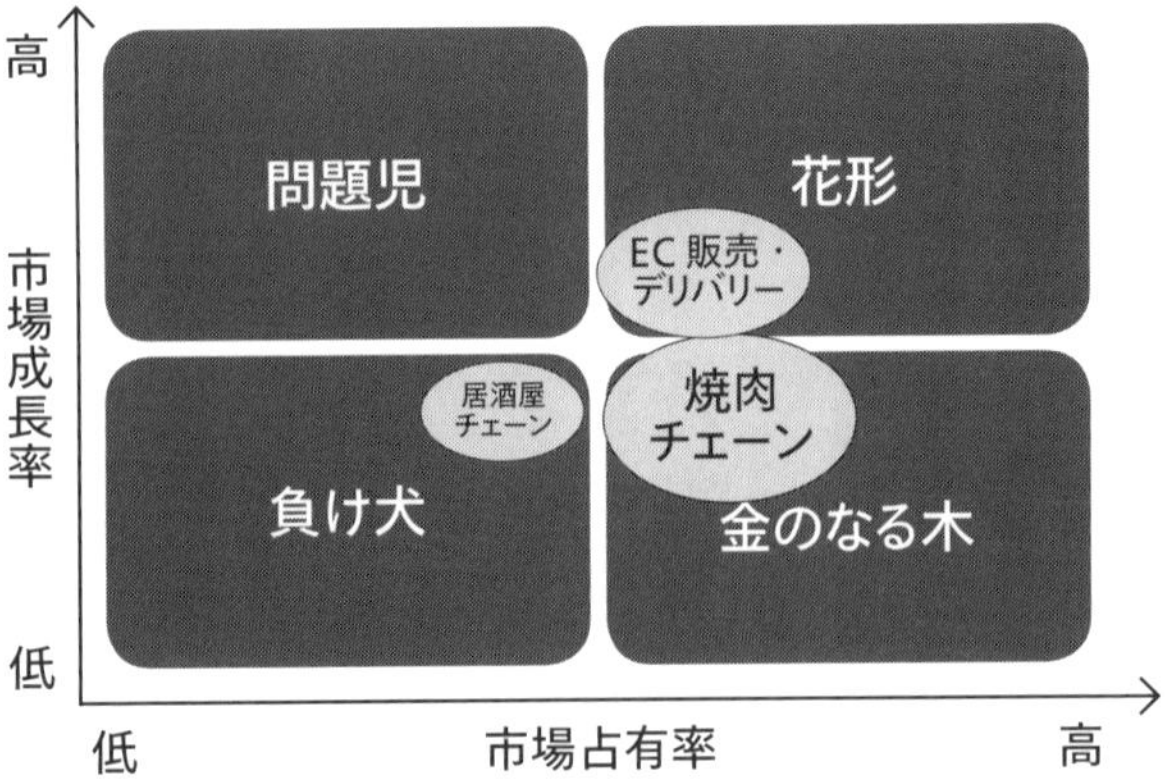

ところが新型コロナウイルス流行により事業が一変します。居酒屋チェーンは緊急事態宣言による営業自粛で全く売上があがらず、「負け犬」になってしまいました。幸い店舗を増やしていた焼肉チェーンは店舗内の換気が良いことから、他の飲食店からお客が流れ営業は続けることができ、居酒屋を焼肉屋に転換することで、「金のなる木」となり影響を抑えることができました。また、利益が出ていなかったEC販売・デリバリーは、巣籠もり需要により花形事業へと成長する結果となりました。

このように**市場の変化に対応することが、企業が成長するために必要**です。そのためにも、いつから提供している商品・サービスか、そして現在どのポジションにあるかを把握してください。

TIP 7

その事業の壁はなんですか？

これまで読み進めてきた中で、自社がこれまでどのような事業に取り組み、どんな商品・サービスを提供してきて、そして収益がどうなっているのかが分かってきたと思います。そして、この先何かを変えていこうという想いになった方も多いのではないでしょうか。同時に「壁」を感じるかもしれません。この項では、その「壁」を認識して乗り越えるための手法を説明します。

あなたは現在の事業における壁が、どこにあると感じていますか？

「目標の利益に到達しない」
「社員が急に辞めたいと言い出し、人員不足で仕事が回らなくなった」
「コロナ禍による不況で事業の継続が難しい」

など、売上や利益、社員、お客様のことなど、経営者は常に問題に直面し、気が休まらないでしょう。

しかし、その問題は、挑戦や課題があるから生じるものだと考えれば、常に問題があることは、成功に近づいていることを意味するのではないでしょうか。

課題のない経営者などいません。

ですから、どんなに苦しい状況に立たされても、すぐに諦めたり、おしまいだと思ったりしないで、まずはいったん立ち止まって考えてみましょう。

かの松下幸之助さんも、こんな言葉を残しています。

――きみ、二階があるとするわな。その二階に上がりたい、なんとしても二階に上がりたい。そういう思い、熱意があれば、そこいらの石を根気よく集めて、積み上げて、それをのぼって二階に上がるという工夫、知恵も出てくるし、そうや、こうしようとハシゴを考え出すこともできる。絶対に、二階に上がろうという熱意のある人だけが、結局は、二階にあがることができるというわけやな。

――さっきの壁の話な。あれも壁にぶつかっても、なんとか壁の向こうに行こうと思ったら、左に行って抜け穴はないか、右に行って抜け穴はないか、なければ、壁の下に穴を開けることはできないか。それもダメなら、さっきの二階に上がるようなハシゴが考えられないか。懸命に考えれば、まだまだ、知恵も工夫もでてくるわね。

（出典）ひとことの力　松下幸之助の言葉　江口克彦著

そんな風に、問題に向き合い、壁を乗り越えてきたと言うのです。

まさにその通りで、問題が生じても、懸命に考えれば知恵も工夫も湧き、打開策が必ず出てきます。

ですから、目の前の課題や問題に向き合い、1つずつ解決していきましょう。

壁を乗り越える方法は正面突破だけではありません。さまざまな考え方がありますので、例えば、次のような思考法で打開策を考えてみましょう。

〈壁の突破の思考法〉

・前提を入れ替えてみたら？
・周りに頼ってみたら？
・逆にしてみたら？
・借りてきたら？
・小さくしたら？
・大きくしたら？
・1個にしてみたら？
・高額にしたら？
・低価格にしたら？

など……

これまでのやり方にこだわらず、何かできることがないかを考えてみてください。きっとまだできることがあるはずです。

現在の事業の継続が難しいなら、新しい事業を開始してみる……それも壁を乗り越える方法の1つです。

そもそも、「新しい事業をやらなければならない」ということは、随分と前から気づいていたのではないでしょうか。

けれど、何から始めたらいいのか、どんな風に新規事業を発案したらいいのか。その最初の一歩を踏み出すのが難しいのです。

そういう場合は、紙と鉛筆を用意して、会社として検討できる範囲でいいので、まずはできることを書き出してみます。

同時に、自社では絶対にできないことも書き出してみてください。

そうやって制約条件を言語化することで、最初の一歩となる〝できること〟が明確に定義できるからです。

次に、具体的な事業アイデアを出します。

その際は、社会の『不』（不利益）に着目して、次の4ステップで考えてみましょう。

①いつ、誰が、どんな『不』を抱えているかを洗い出す。

②『不』の大きさを体積で捉える。
③『不』が生じている理由を分析する。
④『不』が存在する背景を理解する。

アイデアを考えるときに、多くの人は『不』の大きさから始めてしまいがちです。

例えば、「日本の高齢者人口はこれから何千万人になる……」など、外部環境に関する数字やデータを列挙し、そこにビジネスチャンスがあるのではないかと考えてしまうのです。

しかし、それでは事業をフォーカスしにくくしてしまいますから、まずは「**いつ、誰が、どんな悩みを抱えているのか**。**どういうことに困っているのか**」から考えるようにしましょう。

第一に検討すべき事項を明確にした上で、同様に悩みを抱えている人の数や、どのくらいの不利益となっているのかを数値化しましょう。そうして、それが起きている理由を分析。最後に、不利益が存在する背景を理解します。

それでは、この4ステップで、アイデアを発案してみましょう。

【事例】

1. 旅行やホテルの事業者が、コロナ禍で観光客が減少したことから宿泊客が激減している。旅行者も海外どころか、県外への旅行も制限され、フラストレーションが溜ま

っている。（不を洗い出すきっかけ）

2．総務省統計局によると、令和3年1月20日現在、65歳以上人口は３６１３万９０００人。前年同月より31万人増加しており、今後も増加傾向にあることが予測されている。また、２０２０年7月31日に厚生労働省が発表した２０１９年の平均寿命は男性が81・41歳、女性87・45歳と、前年に比べそれぞれ０・16歳、０・13歳延びていることがわかった。以上のことから、金銭的にも時間にも余裕のある高齢者をターゲットにした新規事業が望ましいと判断する。（不の大きさ）

出典：「人口推計」（総務省統計局）／「生命表」（厚生労働省）

3．コロナ禍以前は遠方からの観光客が主だったが、コロナ禍により実現が難しい。そうした中、県内で旅行したいと望むお客様は増加傾向にあることがわかる。（不の理由を分析）

4．温泉に入りたいという希望はあっても、高齢者は移動手段が限られてしまう傾向がある。これまで、遠方ではできなかった送迎サービスも、県内であれば提供できるだろう。（不の背景を理解し、新たなアイデアを想起）

検証の結果、高齢者を対象とした送迎付き温泉ツアーを新規事業として提案。旅行会社に依頼するのではなく、自社サイトにて従業員で対応に努めることに決定し、新規事業スタートに向け動き出す。

TIP 8

その顧客、本当に必要ですか？

ビジネスをするうえで必ず顧客が存在します。あなたの会社の顧客は誰でしょうか。顧客への対応はとても重要な仕事になりますから、どのような顧客がいて、どういう対応をすべきかを知ることはとても重要なポイントになります。

「お客様は神様」という精神で顧客サポートに努めることは時に必要ですが、価格以上のサービスや無理難題を要求してくるお客様は、「貧乏神」と言えるかもしれません。また、一度でも価格の引き下げに応じてしまうと、その後価格を上げることは難しくなります。顧客を増やしても利益が減り、手間がかかるようでは、生産性が下がり、従業員も疲弊してどんどん悪い方向に進んでしまいます。

あなたの会社を窮地に追い込む顧客は、サポートすべき真のお客様と呼べるでしょうか？

そんなときは、自社の商品・サービスが誰に提供されるべきものなのかを見直し、顧客に対し、どのような形で役立てるかを考えましょう。

その際、有効なのが「**ペルソナ手法**」です。

ペルソナとは、ユーザーの行動パターンを調べ、そのデータを統合して作り上げたユーザーを代表する仮想人物を意味します。言ってしまえば、貴社にとっての理想のお客様を具体的にイメージするということです。

ユーザーは企業なのか、それともその先にいる消費者（エンドユーザー）なのか。もし、対象がエンドユーザーであれば、その間にいる企業に協力してもらい、アンケートなどから得たデータを分析すると良いでしょう。

また、自社で控えている記録から、顧客ごとの売上や利益を確認してみてください。

ペルソナは、実際に提供しているお客様を定義し、その分析結果を生かすことが重要ですから、より具体的であればあるほどターゲットが絞られます。

また、ペルソナを定義することで、その先に待つお客様がどのような悩みを持っているのかを知ることも大切です。そして、その悩みから派生するニーズを把握できれば、貴社が提供するサービスを受ける本当のお客様が明確になるでしょう。

【事例】過去の実績と価値の〝見える化〟で高条件での継続に成功！

ＩＴ企業の保守・サポートサービスを行うE社は、ペルソナを設定した上で、顧客の見直しを検討。利益が出ていないお客様への対応として、既存の契約内容を確認したうえで、次回の契約更新の際に値上げが必要となることをその理由とともに事前に通知し、既存の契約期間満了後に契約を解除しました。

そして、そこに費やしていたリソースを、利益を出しているお客様へ集中させ、利益率を上げていく取り組みを実施することになりました。


（ポイント）


このようなケースの対応策として考えられるのは、２つです。

１つは、事例のように、利益の出ないお客様との契約を解除することです。もう１つは、本当の価値を理解してもらい、取引を継続することです。

後者のように、本当の価値を理解してもらうためには、過去の実績からその価値を〝見える化〟して説明すると効果的です。

真の価値をお客様にご納得いただければ、好条件を提示し、値上げでの継続も可能でしょう。

例えばE社では、お客様先に保守員として常駐してE社の製品サポートを実施するだけでなく、長年の対応のなかで他社のシステムに関する知識も身につけ、その問い合わせサポートまで対応するようになっていました。あらためてサポートしている範囲をアピールすることによって、お客様にも「これだけやってくれている」と高評価を得ることができました。

ただ、担当者は上層部から値下げをするよう指示を受けただけで、実際には価格設定における権限を持っていません。

そこで、交渉すべきは担当者の上司であることを理解したE社は、お客様に対して自社が提供しているサービス内容がどれだけ価値があるものかを説明する資料を提出し、担当者から上司に打診してもらうようお願いしました。すると、その資料を見た上司が、以前よりも高価格での交渉に応じてくれたのです。

このように、真の価値を理解してもらえれば、好条件での継続が可能です。

このようなケースの多くは、お金の問題というよりも、お客様のニーズをきちんと満たし、価値を提供できているかが目に見える形で表せていなかったことが関係しています。

お客様の経営状況によってはコストを抑えるといった目的だけで交渉をしてくることもあり、現在提供しているサービスに値下げする理由がないケースもあります。ですから、お客様の目的や本来のニーズをきちんと把握し、お互いにとって良い条件での契約が結べるようなカードを準備するのも、気持ちの良いお付き合いを継続させるためには必要でしょう。

そうすれば、理不尽な契約をすることはありませんし、手を尽くしても良い結果が生まれない関係なら、潔く断ち切ることも経営の継続には欠かせません。

TIP 9

リモート時代はフレキシブルオフィスが急増

ここで視点を少し変えて、皆さんが働く場所に着目してみたいと思います。経営者の方であれば当然、働く場所を準備するのにコストがかかることを認識しており、これが経営において負担になっているケースも少なくありません。従業員は働く場があることが当たり前に感じているかもしれませんが、この考え方を見直すことで、経営の効率化につながりますので、この項では、その考え方について説明していきます。

働き方改革からはじまり、新型コロナウイルスの流行を受けて、事務所の環境や会社自体のあり方が大きく見直されてきました。

きっと、本書をお読みのみなさんの中にも、リモートワークが増えたことで、働き方そのものが変化したという方もいらっしゃるかと思います。

あるいは、経営者として、そういった時代の変化や状況にも対応していかなければいけないと感じている方もいるのではないでしょうか。

もし、まだ行動には起こせていないとしても、これからの時代、リモートワークは必須です。ぜひこれを機に、経営にいかすべきです。

テレワークは、それほど難しいものではありません。

Ｗｅｂ会議システムなど、テレワークに必要なツールは安く簡単に取り入れられるので、まずはお試しでもいいですから実践する価値は十分にあります。

また、テレワークが定着すれば、オフィスの見直しも検討できます。

２０２１年には、株式会社電通が本社ビル（東京都港区）を売却といった話題もあったように、かつてのような自社で城を構える時代ではなくなってきているのです。

大手に限らず、中小企業でも既存オフィスを解約して必要最小限の場所に移転し、固定費を削減しています。

とあるＴＶ番組製作会社では、都心の好物件にオフィスを構えていましたが、オフィスを移転し、従業員は基本、在宅勤務に切り替えて、番組収録に必要なスタジオと会議室のみの設備を持つようになったことで、従来の１／４の家賃に抑えられました。

一方、そういった企業や働き手のニーズの変化に対応する形で、フレキシブルオフィスを提供する側の考えも変わってきました。

郊外では街の至るところにシェアオフィスやコワーキングスペースが増え、中にはマンションの集会室や店舗スペースだった部分を改修したものも出てきています。

そこには、自宅でテレワークになった地域の人が利用するほか、法人契約として席数で月額契約が結べるといったサービスも展開されています。

オフィスの従業員1人当たりの面積は2坪～4坪くらいが妥当と言われており、都心オフィスの坪単価が２５、０００円－４５、０００円程度であることを考えると、従業員１人３坪とした場合、月額７５、０００～１３５、０００円の固定費がかかることになります。しかし、郊外であれば、その半額以下で済みますから、自宅やその近郊であれば、固定費はもちろん、交通費も削減できるでしょう。

他にも、会社に通勤しなくても良いという状況になれば、勤務地が制限されず柔軟な働き方に対応できます。特に中小企業などでは、いまだ出産や介護を機に辞めてしまうケースも多いため、優秀な人材に長く働き続けてもらうことが可能になります。また、そのような理由で他社を辞めてしまった優秀な人材を採用することもできます。

これまで持っていたオフィスを捨てることで新たに得られるものがあります。物価高が続く中で、本業で利益を出すためにも、削減できるコストは削減し、**オフィスというこれまで当たり前だったものを変えることで、変革のきっかけにしてみましょう。**

TIP 10

儲からない自己満足仕事を「悪」と割り切る

自社の環境を見直すのとあわせて、これまでやってきた仕事についても、あらためて見直してみましょう。自己満足でやってしまっている仕事はないでしょうか。すでに自社がどのような仕事をやってきたかは把握しているはずですので、わかるはずです。この項では、自己満足仕事の見分け方について説明していきます。

「昔からの付き合いだから」
「お得意さんの紹介だからむげにできない」

など、儲からないとわかっていても、受けなければならない仕事が発生することがあります。内心では忙しく、後回しにしたい依頼でも、即座に対応を迫られることも時にはあるでしょう。

しかし、それを続けることでもたらされるメリットは、果たしてあるのでしょうか。

「損して得取れ」ではありませんが、現状、損をしても、後で大きく返ってくるような案件であれば、将来への種まきや投資と捉え、引き受けるのは悪くありません。

　しかしながら、明らかにプラスが望めないのであれば、断りづらい相手であったとしても、できない理由を明確にして、取引をやめましょう。

　相手先への説得材料とするためにも、まずは数字として把握することが大切です。

　それではさっそく、考えてみましょう。

　例えば、儲からない仕事により、赤字が１００万円出てしまったとします。

　貴社では、その赤字となった１００万円を取り返すのに、どのくらいの仕事が必要でしょうか？

　仮に利益率が５％（中小企業の平均は３・５％、大企業でも４％程度）だとすると、１００万円の赤字を取り返すのに、２０００万円の売上を新たに立てなければならない計算になります。

　さらに、赤字になった仕事にかけた労力と時間は返ってきません。そのリソースを他の仕事に充てることで利益を得られた可能性もありますから、その点も考慮する必要があるでしょう。

　１００万円を取り返すために、利益率が５％以上の案件で２０００万円分の売上が必要となれば、それがどれほど大変なことか、経営者の方ならわかるはずです。

　人情や古い付き合いを大切にしたい気持ちはわかりますが、自己満足のボランティアでは、会社の存続すらも危うくしてしまいます。

厳しい言い方になりますが、**儲からない自己満足仕事を「悪」と割り切ることも、経営者に必要な資質**です。

ただ、中には社会貢献的に続けている仕事もあると思いますし、利益は求めず、「楽しいから」という理由だけで取り組んでいるものもあるかと思います。

それらは、会社の経営状態に余裕があるのであれば、ぜひ続けるべきでしょう。

あくまでも、〝なぁなぁ〟となっている間柄や案件に関しての見直しを、ぜひ一度、具体的に検討してみることをおすすめします。

TIP 11

中小零細企業は○○で高単価化せよ!

中小零細企業で多い困りごとに、値下げ競争に巻き込まれ収益が悪化してしまうことがあります。そんなときは、思い切って値上げを検討しましょう。

注意してほしいのは、これまでと同様の商品&サービスで値段を上げないこと。顧客満足度を上げて、高単価化を図ることが大切です。

それでは、値上げと顧客満足度アップに成功した事例を見ていきましょう。

【事例1】自転車製造業　有限会社今野製作所

かつて今野製作所は、量販店ではない小規模のショップでブランドものの10万～20万円の自転車を販売していました。しかし、他社と値引き合戦や価格勝負に巻き込まれたり、10万円で自転車を仕入れても、新しいモデルが出ると「型落ち」扱いになり、仕入れ値より低い価格で売らざるを得ない状況が続き収益は悪化。

そこで今野製作所は、もともと社長が自転車のフレームビルダーとして高い技術を持っている職人であることから、他社と差を付けるために、世界中から部品や材料を取り寄せ、熟練の職人によるオーダーメイド生産を付加価値として提示したところ、これが大当たり。
　世界最大のハンドメイド自転車展であるNAHBSにて国際的にも高い評価を受け、価格帯も60万~70万円と跳ね上げることに成功し、今や数か月待ちの人気を誇る商品となりました。

（参照）商品・サービスの高付加価値・高価格販売化事例集　２０２０年　三菱総合研究所
https://www.meti.go.jp/policy/economy/keiei_innovation/kodoshishin/pdf/kouhukakati.pdf

【事例２】温泉旅館　株式会社陣屋

　かつては１泊２日・２食付きで９８００円の価格で提供していた温泉旅館陣屋では、経営悪化に伴い、独自のシステムを構築。これまで手書きやホワイトボードで女将や特定の接客係が属人的に管理していた予約情報や顧客情報を一元管理し、情報を全員で共有できるようになりました。その結果、業務効率が向上するとともに、顧客との会話の接点を増やすこと、お客様にも手厚いサービスを提供できるようになった結果、１泊２日・２食付き・３万５０００円の温泉旅館に大変身。
　経営難をV字回復させただけでなく、働き方改革のモデルとしても業界内外から注目を集める企業へと転身を果たしました。

（参照）商品・サービス高付加価値化先導中小企業事例集　２０２０年　経済産業省
https://www.meti.go.jp/policy/servicepolicy/High-value-addedCaseStudy.pdf

【事例3】歯科医院　アキモトプライベートデンタルオフィス

かつて保険治療の歯科医院に勤務していた院長は、材料や治療法が限定されてしまうことから、お客様一人ひとりに合った治療や材料を厳選でき、歯の健康にもより向き合えるオーダーメイド型の自由診療のクリニックを開設。

1人の患者に対して治療時間を1時間半~2時間かけ、『カウンセリング』『歯科精密検査』『治療計画のご相談』を行う中で〝なぜ、現在のような状態に至ったのか〟を明確にし、最適な治療を提供しています。このような治療を届けるため、最高の環境と設備を整えることで、お客様の満足度も高く、治療や材料、技術に見合った収益が得られるようになりました。

これら3つの事例からもわかる通り、中小零細企業が大手を相手に価格帯を上げようと思うなら、大量生産では敵わないことを考えると、付加価値を付け、高単価で販売するのが一番の近道と言えます。

手間や工夫を凝らして高単価な商品を提供する。言わば〝オーダーメイド〟が1つのキーワードとも言えるのではないでしょうか。

中小零細企業には、腕の良い職人さんを抱えている場合もありますから、熟練の技を生かした顧客に寄り添った商品・サービスを提供することで、顧客満足度と共に、従業員の満足度も向上するでしょう。

TIP 12

事業縮小の判断基準とタイミング

経営者であれば事業を大きくしたい、長く存続させていたいと思うことは当然です。しかし、必ずしもうまくいくことばかりではありません。前に進むばかりでなく、一度立ち止まったり、戻ることも事業継続のうえで必要なこともあります。また、事業を縮小することでムダが省け効率的な経営につながり、会社の利益がアップすることもあります。この項では、効率的な経営をするための考え方について説明していきます。

経営者自身がマネジメントできる範囲に事業を集約することは、場合によっては、とても良い選択でしょう。

しかし、事業撤退の判断基準とタイミングを誤ると、会社の更なる成長の芽を潰したり、企業全体が衰退の危機に陥る可能性が高まったりすることもあります。

そうならないためにも、ここでは事業撤退の判断基準についてご説明します。

第一に行ってほしいのは、正確な損益計算と〝貢献利益〟の分析です。

貢献利益とは、簡単に言うと、商品やサービスを1つ売った時に儲けることができた利益のことです。

すなわち、会社が商品やサービスの提供により儲けた売上高から、単位ごとに原価や費用を引いて計算した利益のことで、商品ごと、部門ごとなど、単位ごとに全体の収益にどれだけの貢献をもたらしているかを表すことができます。

貢献利益を分析することで、単位ごとに必要となっている経費も把握することができるわけですが、貢献利益に影響を与える経費の中には、固定費と変動費という概念があります。

売上など、状況に応じて変わるのが変動費で、商品の製造や売買に関係なく必要不可欠な経費を固定費と呼びます。

この貢献利益を公式で表すと、

貢献利益＝（売上－変動費）－部門固定費

となります。

この時、貢献利益の黒字額が多ければ貢献度が高く、貢献利益がマイナス（赤字）であれば、会社の足を引っ張っている事業ということになります。つまり、貢献利益が赤字の場合、他の事業に影響がなければ撤退のタイミングと言えます。

貢献利益では部門固定費を差し引いていますが、営業利益を算出する場合は、部門に振り分けられない共通固定費を差し引く必要があります。次ページの図のような場合、部門

[部門ごとの貢献利益と会社全体の営業利益]

<table>
<tr><th></th><th>部門X</th><th>部門Y</th><th>部門Z</th></tr>
<tr><td>貢献利益</td><td>300</td><td>▲100</td><td>280</td></tr>
<tr><td>共通固定費</td><td colspan="3">480</td></tr>
<tr><td>営業利益</td><td colspan="3">0</td></tr>
</table>

<table>
<tr><th></th><th>部門X</th><th>部門Y</th><th>部門Z</th></tr>
<tr><td>貢献利益</td><td>300</td><td>撤退</td><td>280</td></tr>
<tr><td>共通固定費</td><td colspan="3">480</td></tr>
<tr><td>営業利益</td><td colspan="3">100</td></tr>
</table>

部門Yの撤退により会社は黒字化

<table>
<tr><th></th><th>部門X</th><th>部門Y</th><th>部門Z</th></tr>
<tr><td>貢献利益</td><td>300</td><td>▲100</td><td>280</td></tr>
<tr><td>共通固定費</td><td>200</td><td>180</td><td>100</td></tr>
<tr><td>営業利益</td><td>100</td><td>▲280</td><td>180</td></tr>
</table>

<table>
<tr><th></th><th>部門X</th><th>部門Y</th><th>部門Z</th></tr>
<tr><td>貢献利益</td><td>300</td><td>撤退</td><td>280</td></tr>
<tr><td>共通固定費</td><td colspan="2">320</td><td>160</td></tr>
<tr><td>営業利益</td><td colspan="2">▲20</td><td>120</td></tr>
</table>

部門Yの撤退により会社は黒字になるが、
部門Xは共通固定費の負担増により部門Xは営業赤字に

Xがいちばん貢献度が高く、部門Yが会社の足を引っ張ってしまっています。ここで、部門Yの撤退ができた場合、黒字化できることになります。

加えて、貢献度を評価する際に忘れてはならないのは、総務や経理などの管理部門といった、直接的には利益を生まない部門などの経費を共通固定費として、各部門への配分を考慮することです。

これには、その事業に関わっている社員の比率や売上の比率で経費を配分する方法など、色々なやり方がありますが、会社としてルールを決め、判断基準を持つことが望ましいでしょう。

特に中小企業では、この点が曖昧になっていることが多く、正確な貢献度が評価できないケースがありますのでご注意ください。

前ページの上図では共通固定費を各部門に配分していませんでしたが、これを各部門に配分したケースを考えてみましょう。前ページの下図のような場合、部門Xが貢献利益ではいちばん大きいですが、営業利益では部門Zとなります。

部門Yから撤退したとしても、共通固定費はすぐには減ることはありませんので、同様の考え方で配分すると、部門Xの営業利益は赤字となってしまいます。しかし、営業利益は赤字でも、事業単体では貢献利益が黒字であれば、即撤退ではなく、経費を下げて黒字化にするなど、どうしたら営業利益を黒字化にできるかを考えることが先決です。

このように、各事業でどのくらいの経費を使っているのかを細かく計算し、利益が確保できているかを確認することが、会社の未来を左右するのです。

【事例】複数の飲食店を経営するI社

I社では、カフェ、居酒屋、焼肉店という複数の飲食店の事業を行っています。

ここにきて、事業の縮小を考えた経営者は、それぞれの貢献利益を算出し、「継続」か

[I社の事業全体]

	カフェ	居酒屋	焼肉店	**合計**
売上高	1,500	1,600	1,700	**4,800**
変動費	600	800	1,020	**2,420**
限界利益	900	800	680	**2,380**
個別固定費	600	620	400	**1,620**
貢献利益	**300**	**180**	**280**	**760**
共通固定費	**150**	**160**	**170**	**480**
営業利益	**150**	**20**	**110**	**280**

[居酒屋から撤退した場合]

	カフェ	居酒屋	焼肉店	**合計**
売上高	1,500	—	1,700	**3,200**
変動費	600	—	1,020	**1,620**
限界利益	900	—	680	**1,580**
個別固定費	600	—	400	**1,020**
貢献利益	**300**	—	**280**	**580**
共通固定費	**225**	—	**255**	**480**
営業利益	**75**	—	**25**	**100**

営業利益が確保できるため撤退可能

「撤退」を決めることにしました。貢献利益は上の図のように各事業とも黒字ですが、撤退するとしたら、どの事業になるでしょうか。

貢献利益がいちばん少ない居酒屋から撤退した場合、下の図の通りとなり、残ったカフェ事業、焼肉店ともに営業利益が黒字で、会社全体も黒字で事業継続ができます。

カフェ事業、焼肉店を撤退した場合は、次ページ図の通りとなり、営業利益が確保できないため、撤退す

[カフェから撤退した場合]

	カフェ	居酒屋	焼肉店	**合計**
売上高	――	1,600	1,700	**3,300**
変動費	――	800	1,020	**1,820**
限界利益	――	800	680	**1,480**
個別固定費	――	620	400	**1,620**
貢献利益	――	**180**	**280**	**460**
共通固定費	――	**233**	**247**	**480**
営業利益	――	**▲53**	**33**	**▲20**

[焼き肉店から撤退した場合]

	カフェ	居酒屋	焼肉店	**合計**
売上高	1,500	1,600	――	**3,100**
変動費	600	800	――	**1,400**
限界利益	900	800	――	**1,700**
個別固定費	600	620	――	**1,220**
貢献利益	**300**	**180**	――	**480**
共通固定費	**232**	**248**	――	**480**
営業利益	**68**	**▲68**	――	**0**

営業利益が確保できなくなるため撤退すべきではない

べきではないと判断できます。

　このように、貢献利益をもとに撤退する事業を検討することができますが、実際に撤退するかどうかの判断は、自社の強みである事業かどうか、**TIP6**で説明した製品ライフサイクルやＰＰＭなどで検証したうえで決めると良いでしょう。

TIP 13

競合が多すぎる「埋もれ仕事」にサヨナラ

市場が大きいと競合が多い中でも売上が伸びる企業もあれば、売上を取られてしまう企業もあります。そんなとき、多くの企業はどうやって差別化を図るか、頭を悩ませるでしょう。

仮に競合と全く同じ商品・サービスを展開しても、貴社は埋もれる一方です。ですから、そのような「埋もれ仕事」は切り、貴社ならではの仕事に変えていきましょう。

なぜなら、きちんと探せば、競合に打ち勝つだけの、貴社ならではのスキルや経験が必ずあるからです。

今一度、自社の強みを再認識すれば、ペルソナとなるお客様の顔もはっきりと見えてくるでしょう。それが他社との差別化になり、結果的に「貴社が1番」とお客様から言われるようになるのです。

【事例】眼鏡販売業　執事眼鏡 eyemirror

「執事眼鏡 eyemirror」は池袋にある眼鏡専門店。アニメイト本店からも徒歩1分程度の場所にあります。その名の通りスタッフは「執事」×「眼鏡」で対応し、店内に入るとまるで洋館のような、上品な雰囲気の空間が広がります。眼鏡を注文すると、待合室に案内され、お茶とお菓子が提供され、単なる〝眼鏡店〟とは言い切れない至れり尽くせりのおもてなしをすることで、他の眼鏡店と差別化しています。

店内には数多くの眼鏡が並びますが、その眼鏡もスタッフが選んだこだわりの逸品ばかり。あまり見かけないデザインが多く、ブランドものはもちろん、アニメやマンガ作品とのコラボ眼鏡もあります。コラボ以外でも、アニメに登場するキャラクターがかけることが多いアンダーリムの眼鏡を多く取り扱っています。

このように「執事眼鏡 eyemirror」は、オタクをターゲットとしたニッチ市場にて確固たる地位を確立することで、他社の参入を許さず、開店以降業績は好調です。２０１７年7月には、「執事眼鏡 eyemirror」の姉妹店として、秋葉原に「アニメコラボメガネ専門店 -Animegane-」を開店、２０２１年3月には大阪日本橋に「執事眼鏡 eyemirror-OSAKA-」を開店しています。

【事例】サロン事業者　アロマ&氣功セラピーサロン manimani

当サロンは、ハンドトリートメントや全身トリートメントのアロマを中心とした施術をメインに、女性をターゲットにサービスを提供していました。

しかし、アロマセラピーは競合も多く、価格で比較されてしまい、売上がなかなか伸びませんでした。

そこでオーナーが取ったのは、氣功師である自身の特性を生かし、氣功施術を前面に押し出した体質改善サービスの導入です。

氣功施術に的を絞ったことで、ターゲット層も「女性」から「健康を気にする経営者」とより限定し、口コミを中心に宣伝を行えたことで、富裕層の顧客を獲得できました。加えて、3カ月コースや6カ月コース、回数券チケットなどを販売したことにより、売上はみるみる上昇していきました。

もしも当サロンが、ライバル店のように時間を延長して営業しても、客足が伸び売上が高まるどころか、減少の一途を辿っていたかもしれません。けれど、既に備えていた他にはない強み「氣功」を全面に打ち出すことで、競合のいない土俵に立つことができました。

また、客単価も上がったことで、一人のお客様と時間をかけてじっくり向き合い、ケアに務められることから、お客様からの信頼と評価も向上し、リピートにつながっています。

このように、自社の強みを見つけるには、**顧客ニーズをしっかりつかむことと、現状把握、働く従業員のスキルといったリソースにも目を向け、探すことが大切**です。そのためにも、日ごろから一方的に商品やサービスを展開するのではなく、お客様の声に耳を傾け、従業員同士のコミュニケーションにも気を配ると良いでしょう。

PHASE 2

高価値化

事業リノベートで高単価化！

PHASE 1で「高単価化」について少しだけお伝えしましたが、効率的な経営をするうえで、自社の価値を知り、そして顧客や取引先が欲しがっている価値を知ることがとても重要です。他社と比べてどうかではなく、自社にフォーカスすることで、本当にやるべきことが見えてきます。

この章では、「高価値化」するにはどうすれば良いかを説明していきます。

TIP 14

価値を説明すれば 5倍価格でも売れる

「このサービスは高すぎるよ」

「もう少し割引してもらえないかな？」

ビジネスの中では、こんな風にお客様から価格交渉をされる場面もあるかと思います。そんなとき、あなたはどのように対応しているでしょうか。

「今回割引すれば、長期間契約してもらえるかもしれない」

など、良いように解釈し、即座に値下げ交渉に応じてはいないでしょうか？

買う側からすれば、1円でも安い価格で購入したいと思うのは当然です。そのためなら、あらゆる方法で交渉してくることもあるでしょう。

しかし、売る側としては、そういうわけにはいきません。理由のない値下げは、正当な価格で契約したお客様の信頼を落とすことにもなりかねません。

契約という側面だけを見れば、割引はシンプルで手っ取り早い戦略の１つですが、必ずしも最善の選択とは言えないでしょう。

中でも多いのが、その商品やサービスの価値をきちんと説明しないまま営業し、契約を結ぼうとしてしまうことです。結果、購入者も商品やサービスの真の価値を知らずに購入し、きちんと活用できずに不満を感じながら利用しているというケースもあります。

そこで本項では、価格交渉を避け、高価格で取引をする５つの方法をお伝えします。

1.値段から先に決める

貴社が「売りたい価格」を先に設定します。

競合他社の相場に左右される必要はありません。

貴社がその商品やサービスに相応しいと思う金額もしくはそれ以上の高い金額を設定します。

2.他社商品と比較できないようにする

値段を決めたら、その値段で売れるためのこれまでにない付加価値を付けます。

「商品＋サービス」で、貴社ならではのオリジナル商品に作り上げ、競合他社との差別化を図ります。

【事例】RIZAP（ライザップ）株式会社

健康に関する研究やボディメイク事業を行う同社では、高付加価値のサービスを展開し集客。パーソナルトレーニングという市場を作り上げ、他社にはないサービスに、少し金額がかかっても確実に痩せるにはライザップという印象を与えることで、他社と比較させない。

・トレーニング内容の質やトレーナーのクオリティの高さ
・徹底したサポートで「結果にコミット」
・最適プログラムの提案
・全額返金保証

3．原料を高くする（時間をかける）

高価格でも売れる商品にするためには、その価値を正しく説明することが大切です。

価値を説明する上で効果的なのは、良質な原料や希少性の高さ、かけている時間をしっかり説明することです。説得材料が多いほど、お客様は「それだけ原料が良くて、手間暇かけている商品やサービスなら高くても当たり前」と感じるからです。

【事例】ザ・マッカラン

世界中で高い評価を受けるウイスキー「ザ・マッカラン」は、熟成期間が長くなるほど希少価値が高いことで有名です。

２０２３年８月現在では、次の価格が希望小売価格とされています。

ザ・マッカラン12年 ９９００円
ザ・マッカラン18年 ４０９６０円
ザ・マッカラン25年 ２０００００円
ザ・マッカラン30年 ３５１３６０円

熟成年数と価格が比例するわけではありませんが、「ザ・マッカラン30年」は、ウイスキー通であれば知らぬ者はいない、世界最高峰のウイスキーと言われています。

それもそのはず、マッカラン蒸留所で作られるウイスキー（ザ・マッカラン）は、澄み切った上質な水、最高品質の大麦、自社でまかなっているシェリー樽を用いて作成されており、そのいずれの原料も信用が高く、最高品質であるとされています。

昨今では、ウイスキーのもとになる原酒不足の影響で、生産量や販売にも限りがあり、さらに価値の高い商品となっているのです。

4.値段の高い新商品を用意する

これは、人間の心理テクニックを応用した販売法です。

まずは、既存の商品の他に、値段の高い新商品を２つ用意します。

同じ商品の価格帯を３つ設定すると、心理学では多くの人が真ん中の価格帯の商品を選ぶとされています。ビジネスでは、この手法を「松竹梅の法則」または「極端性回避の法則」と言い、値段の高い商品を複数用意することで、高価格商品の販売を促すことができるとされているのです。

【事例】寿司屋のランチコース

これまでは３０００円のランチコースしか提供していなかった寿司屋が、「松竹梅の法則」を用いて新たに３つのコースを展開。このように最も売りたい商品を真ん中の価格に設定することで、これまで以上の利益を期待できます。また価格差を一定にしないことで、価格で迷っている人が、松は高すぎて難しいが、竹なら手が届きそうと感じられるような状態が理想的です。

梅コース：３０００円
竹コース：５０００円
松コース：１００００円

このような価格設定をする際には、「商品の内容にも統一感をもたせる」「金額の設定に根拠をもたせる」ことに注意してください。

5．限定性を持たせる

「1日50個限定」、「地域限定」など、限定性を持たせることで希少価値が高まります。ただし、限定には「真実味」と「希少性」のいずれかが必要です。

「真実味」とは、その理由がちゃんとわかることが重要で、「一つひとつ手作りのため1日50個しか作れないのだな」、「この地域の特産物で作られているんだな」など。真実味のある理由がなければ、お客様の目には「売りたいがための売り文句（偽り）」に映ってしまいます。真実味に比例して人々の購買意欲も高まるというものです。結果、消費者は「早く買わなければ」という気持ちになり、購買行動につながります。

「希少性」とは、限定された商品の数や時間ではなく、希少体験を与えられるかにあります。

例えば、旅行先で「地域限定」や「季節限定」のお土産がたまたま滞在期間に販売されていたら、「今度はいつこの地に来られるかわからない」、「季節限定は今しか買えない」など、お客様にとって希少性があると感じる体験を指します。

【事例】閉店セールと謳って在庫処分をする靴屋

「閉店セール　通常ＸＸＸ円のところ全商品半額　売切次第終了」このような表示を見ると、靴の入用はなくても、つい入店していくつか靴を試し履きして、一足購入してしまった、といった経験は多くの方があるはずです。すぐに履くわけではなくても、今後その靴を履く機会は必ずあると考えると、良い買い物ができたと満足し、不必要な買い物とは感じないわけです。余談になりますが、実際には閉店する予定がなかったり、閉店する時期が確定していないにもかかわらず、「閉店セール」と称したセールを長期間行っているお店を見かけることがあります。これも〝限定性〟を持たせる手法を使っていますが、あたかも「今だけ特別に値引きが行われている（購入価格という取引条件が著しく有利である）のではないか」という誤認を与え、景品表示法上の不当表示に該当するおそれがありますので、注意してください。

価格交渉を避け、高価格で取引をする5つの方法をご紹介しましたが、いかがでしたでしょうか。値上げをすることで、顧客離れを懸念されていた方もいたかと思いますが、**高価格の商品を販売することは、売る側にも、買う側にもメリットがあること**なのです。

売る側は、売上や利益が上がり、新商品を開発したり、従業員の賃金を上げることもできます。買う側は、より高品質・高付加価値の商品が手に入れられたという満足感が得られます。

つまり、双方にとってメリットが感じられるわけですから、値段の高い商品の展開は、率先して取り組むべき事項と言えるでしょう。

TIP 15

伸ばすべき価値への投資で未来は決まる

目に見えにくい無形資産に
組織の競争力の源泉が隠れている!

（参照）近畿経済産業局
https://www.kansai.meti.go.jp/2giki/chitekishisan/chiteki_top.html

長い間事業を続けていると、「自社の強みや商品の良さがだんだんわからなくなる」といった悩みを口にする経営者がいます。

確かに、弱点や課題があれば、それを強化するうちに〝強み〟に変わることがあります。逆に、強みだと思っていた点も、さらに伸ばそうとしなければ強化されていきません。また、自社としては当たり前だと思っていることが、実は強みである場合もあります。

ですから、自社の強みを定期的に確

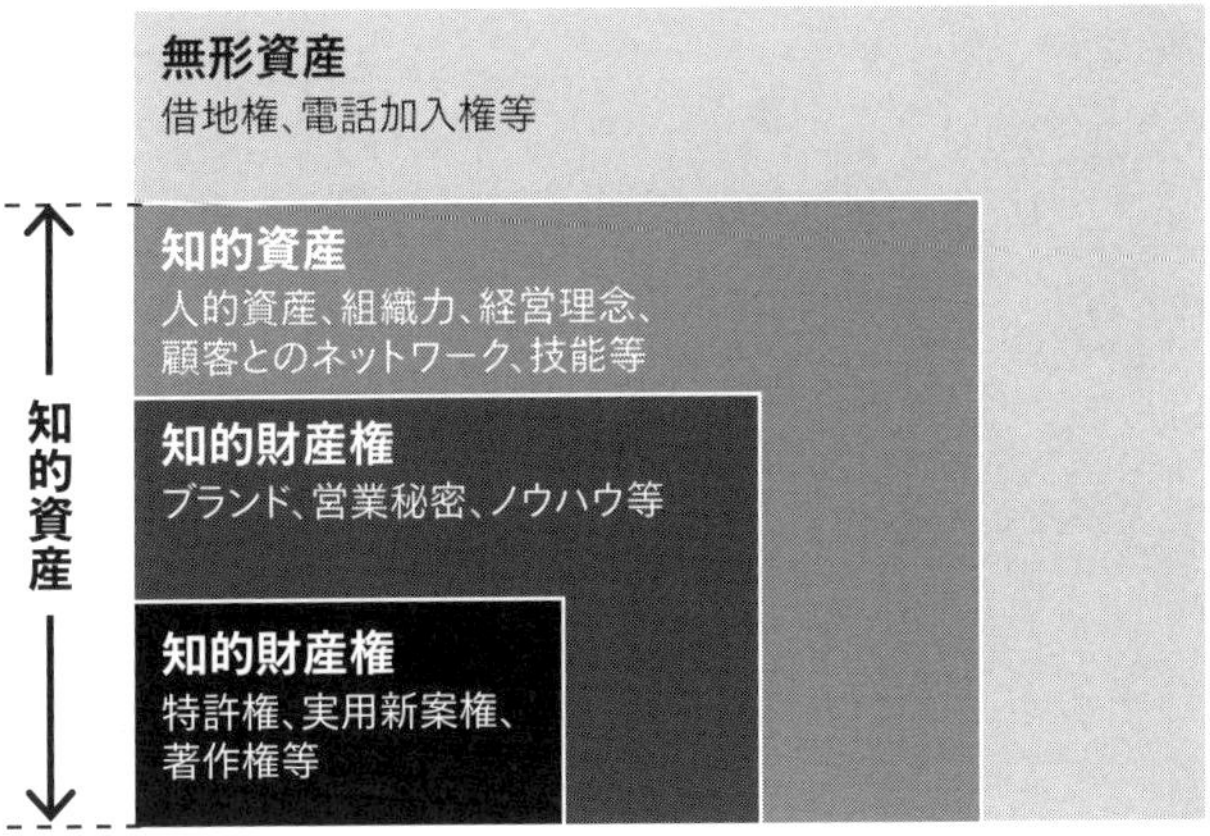

組織や人材、ネットワークなどの
幅広い範囲の知的資産に目を向ける!

（参照）知的資産・知的資産経営とは　経済産業省
https://www.meti.go.jp/policy/intellectual_assets/teigi.html

認し、会社自体の価値を把握することが大切です。

では、どのように強みを把握すればいいのか。

設備や従業員など、目に見える資産は強みとして理解しやすいですが、**経営理念、組織力、人材、技術、顧客とのネットワークなど、財務諸表には表れてこない「知的資産」にも目を向けることが大切**です。

これは、特許やノウハウなどの「知的財産」だけではなく、組織や人材、ネットワークなどの企業の強みとなる資産を総称する幅広い考え方であることに注意が必要です。

そこで本項では、見えない知的資産について解説し、網羅的に強みを把握するための手法をお伝えしたいと思います。
知的資産とは、人に付随したもの、組織に根づいたもの、事業基盤など目に見えにくいもので、次の３つの分類を意識して把握すると良いでしょう。

【3つの知的資産】

1. 人的資産　人に関する資産。製造工程の職人技や社長の営業力などを指します。

2. 構造資産　組織や仕組みに関する資産。チャレンジする企業文化や技能伝承のための人材育成方法などを指します。

3. 関係資産　ネットワークに関する資産。顧客とのネットワークや取引先との良好な関係などを指します。

お客様に本質的な価値を提供していくためには、単に要望に応えるだけでなく、自分たちで突き詰めて考えていく必要があります。そのために必要なことは『観察』であり、それにより自社の強みをモレなく把握することが大切です。強みを把握する段階でモレてしまうと、強みとして活用できないばかりか、将来失ってしまうリスクがあります。強みを把握したら、深掘りします。その強みが実現できている要因を考えます。例えば、強みが、加工精度の高い部品供給であれば、その要因が、高い加工精度を実現する職人技といった具合です。この高い加工精度を実現する職人技が、知的資産です。

このように、定期的に知的資産を確認し、それを上手に活用したり、既存のサービスと組み合わせて新たな価値を創出したりと、他社がマネできない仕組み作りが企業の持続的発展には不可欠と言えます。ですから、まずはしっかりと自社の強みを把握し、その源泉を探るべく「見えない資産の見える化」をすることが大切です。

これからお伝えする事例は、自社の強みを把握し、見えていなかった資産を新ビジネスに活用し成功を収めた企業のお話です。ぜひ次のような事例を参考に、貴社でも新たな取り組みができないか検討してみましょう。

【事例】漁師がいる居酒屋がペットフード業界に参入　株式会社ゲイト

株式会社ゲイトは、２０１０年から居酒屋事業に進出しましたが、原価率の上昇に悩まされた結果、「仕入れに多額の費用を支払うよりも未来あるものに投資したほうが良い」という考え方に転換。問屋などからの仕入れを止め、自社での原材料の確保に乗り出しました。２０１５年から山梨県で農業を、２０１８年からは三重県で漁業も開始しました。（構造資産）

また、指示を待つ労働者ではなく、自分で工夫して考え、生き生きと仕事をする人材を増やしたいと考え、社員の希望者を対象にフリーランス制を導入し、出来高制の報酬でモ

チベーションをアップさせ、自立した働き方ができるようにしました。（人的資産）

漁船を購入し、自社で漁業を行うことから開始。売れない魚や美味しいのに食用として一般的ではなかった魚を、食材として活用する取り組みとして、漁港でとれた魚を現地で加工し、東京の居酒屋まで直送。店のメニューとして出していましたが、２０２０年３月には新型コロナウイルスで売上が大幅にダウン。東京都内で10店舗の居酒屋を経営していましたが、コロナ禍により客足が途絶えたことで、１店舗を残し閉店せざるを得なくなり、新たな事業を模索することになりました。

そこで、生き残りをかけて始めたのが〝キャットフードの製造販売〟だったのです。「ペットフード安全法」（通称）が施行されて、有害な物質を含むペットフードの製造や輸入販売は禁止されていますが、安いキャットフードに含まれる保存料、香料、着色料、肉副産物、ミートミールなどには猫の身体に害を及ぼす粗悪な原材料が使われている可能性があります。（肉副産物、ミートミールなど記載があいまいなものは、食肉加工の過程で余った残骸、毛やくちばし、蹄などの肉以外の部位も含まれている）

そのような現状を憂い、自社の新鮮な魚の流通と加工がペットフードにも生かせると考え新規参入を決断。

家族と同様のペットには良質なものを食べてほしいという思いが飼い主にも伝わり、１キロ３３００円と高級なキャットフードがいま、猫たちを〝とりこ〟にしています。ペットフード業界にも新たな価値を提案でき、注目されています。

今後は、お客様に現地に来てもらい、一緒に漁をして、都会では知り得ないような新鮮な魚の美味しさを味わえる体験型のサービスも強化していきたいとしています。当社は漁業の現場を実証フィールドと捉え、スマート漁業という、ブイを浮かべてそのデバイスから魚のいる場所などの情報を集める仕組みなど、今まで人間の目で見えなかったものをデジタルで補完できるような漁業のあり方を目指しています。このような世の中の役に立つ事業を新たに確立していくことは、当社1社でできることではなく、パートナー企業の開拓や産学連携にも積極的に取り組んでいます。（関係資産）

【事例】製紙機械メーカー　永井鉄工株式会社

（出典）知的資産ポータル　経済産業省
https://www.meti.go.jp/policy/intellectual_assets/index.html

製紙用機械の設計製作などの事業を行う同社で知的資産を洗い出してみたところ、優れた技術者が複数存在し、実績も豊富であることが判明しました。（人的資産）

他にも、製紙用機械本体の設計・製作・立ち上げ等の技術があり、豊富なノウハウと実績が蓄積されていることもわかったのです。（構造資産）

事実、大手製紙メーカーへの納入実績も多く、顧客信頼度は高い同社です。（関係資産）

これら強みに着目した同社では、人的資産の部分では、ＩＴ技術人材及び技能人材（加工・据付等）の育成と、経験者の中途採用及び外部人材活用を実施。

自社の強み（知的資産）をマップとして見える化し、
経営方針、戦略を結びつける！

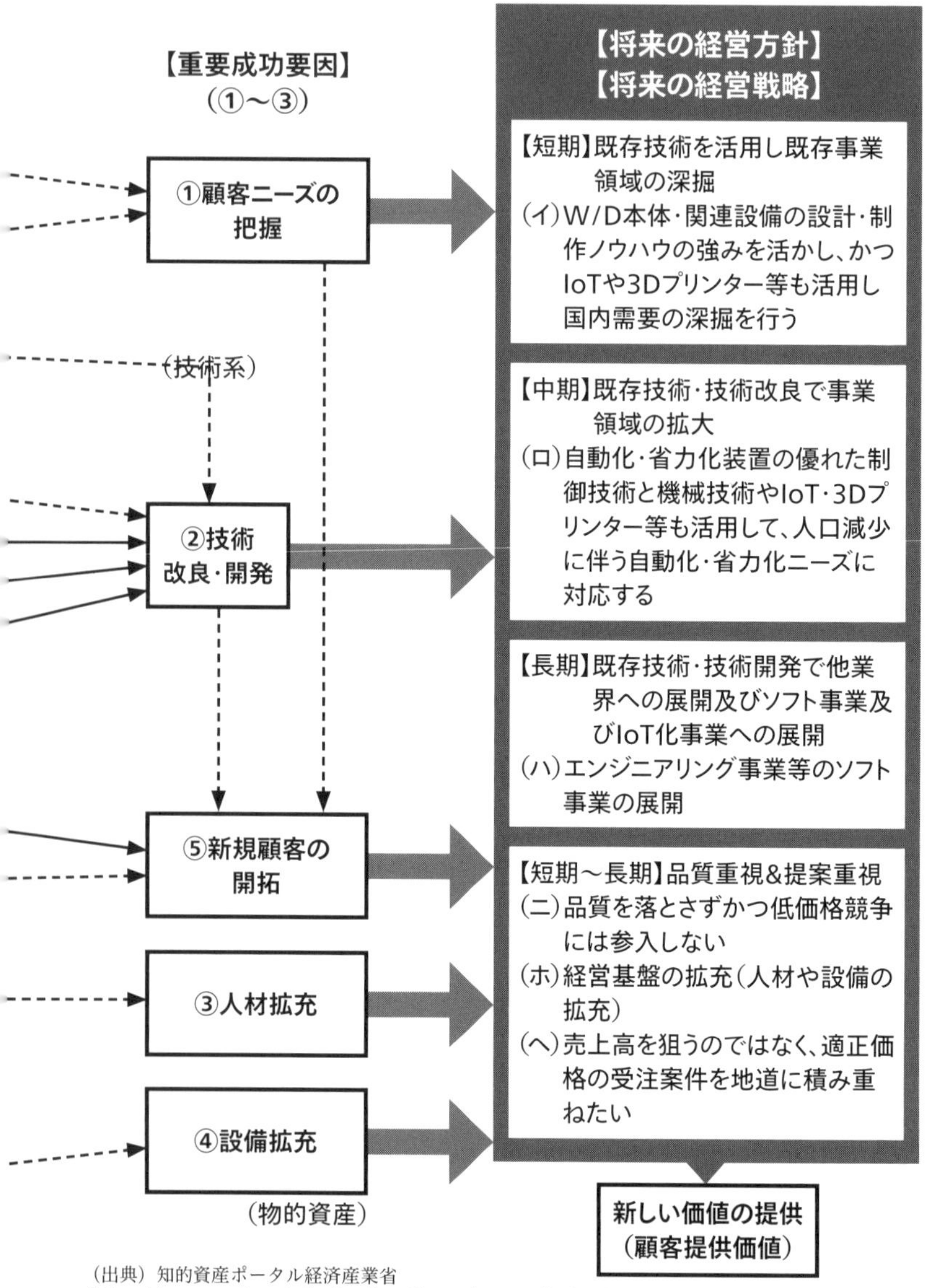

（出典）知的資産ポータル経済産業省
https://www.meti.go.jp/policy/intellectual_assets/index.html

［知的資産活用マップの例］

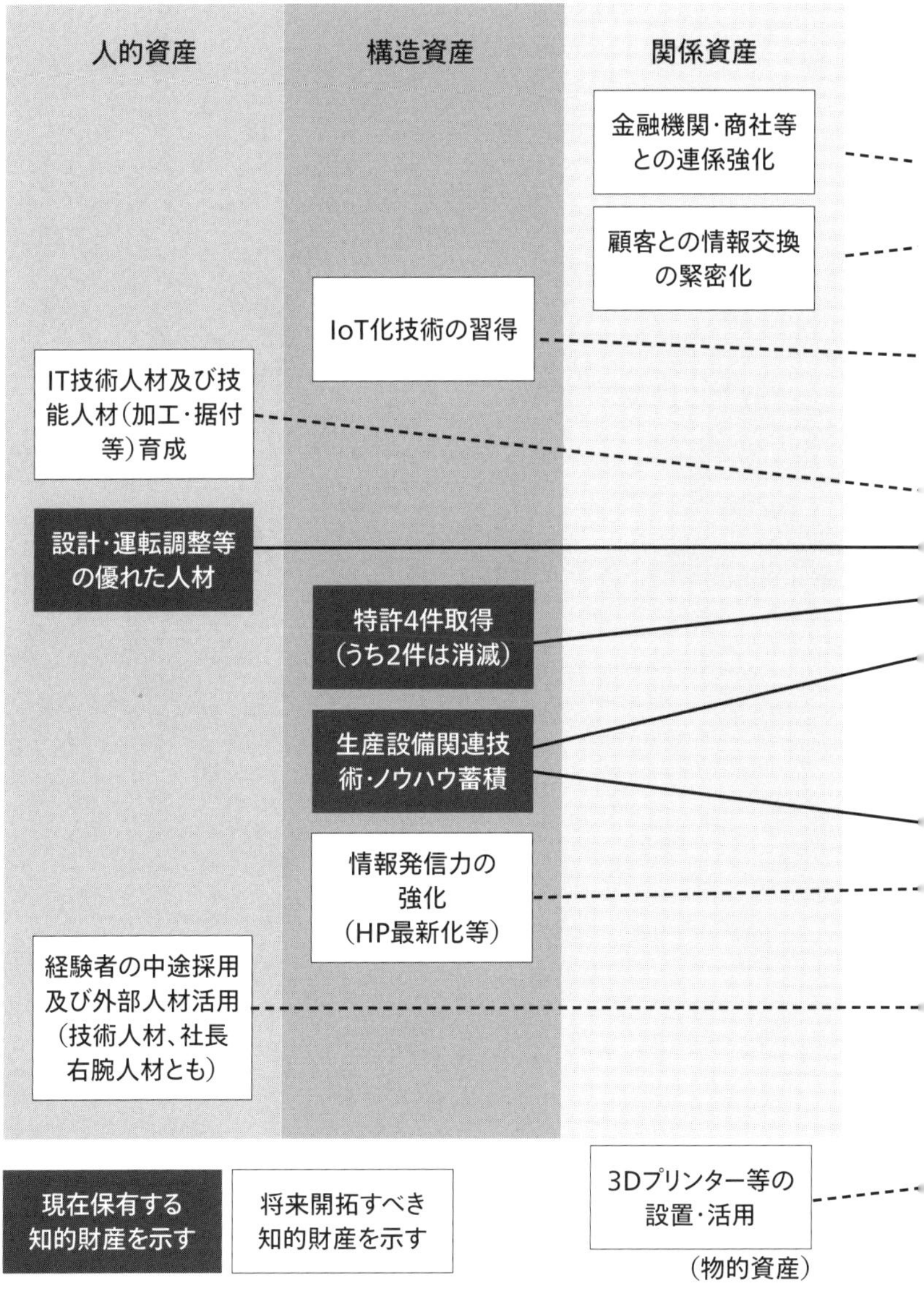

構造資産の部分では、ＩｏＴ（世の中に存在する様々なモノがインターネットと接続されること）やＤＸ（デジタルトランスフォーメーション）化に向けた技術の習得を導入することが決定しました。

知的資産活用マップを作成して、このような新しい技術を、熟練の技術者に取り入れてもらう育成を行うことで、新たな顧客ニーズをつかみ、新規顧客の獲得を計画。これまでとは異なる取り組みをお客様にもアピールするための、未来への投資を行っています。

２つの事例からもわかるように、知的資産を随時見直し、企業の強みを伸ばそうとする経営者は、常に先々を見据え、対応を練り、未来への投資を行っているという共通点が見受けられます。

昨今の外部環境の変化においても、その重要性が増したように、これからは絶え間なく事業転換をしていくような気持ちで事業に向き合わなければ、企業が生き残るのも難しい時代となるでしょう。

TIP 16

顧客が死ぬほど困っているコトは何？

自社の価値を知ったうえで、顧客が欲しがっているものを知ることができれば、社会に価値を提供することができるようになります。この項では、顧客が欲しいものを欲しいタイミングで提供するための方法を説明します。

みなさんは、顧客が死ぬほど困っていることは何か、わかりますでしょうか？

「死ぬほど困っている」のですから、背に腹は代えられないくらい重要なことです。

それを知ろうとしなければ、どれほど素晴らしい商品やサービスを販売しても、売れるとは限りません。

相手の要望を知らず、自分が良いと思うものを一方的に売りつけるようでは、〝押し売り〟と同じ。お客様に相手にされないのも無理はないでしょう。

成功する営業セオリーとは、まずはお客様の困りごとに耳を傾け、共に解決に励む中で、自社商品やサービスを提供する好機を図ることです。

どの企業でも、必ず問題や課題は抱えています。

そんな時、その根本的な原因を解消してくれる商品やサービスをあなたの会社で扱っていると分かれば、即座に「利用したい！」となるのは当然でしょう。

ですから、まずはお客様の困りごとに耳を傾けることが営業の基本と言えます。

さて、この「困り事」には、今すぐに解決したいものと、近い未来、解決したらいいな……と希望する2つのパターンがあります。

当然、お客様が今すぐ解決したいことを最優先に対応すべきですが、先々、解決したいであろうことに関しても、事前に目を向けておくと、お客様にとってなくてはならないパートナーとして考えてもらえるようになるでしょう。

【事例】総合人材サービス　株式会社 Bonos

売り手市場化が進む中、中小企業にとって人手不足の課題は特に深刻化しています。「求人を出しても応募につながらない」「採用活動をする採用適任者がいない」「採用にコストをかけられない」といった課題がある中で、経営者自身が採用活動を行っているケースも多くあります。

このような経営者の困りごとに応えるため、株式会社 Bonos は独自の採用アウトソーシングとして次のようなサービスを提供して、企業と求職者のお互いが「正しい判断」をできるようにしています。

1．応募者に対して見せる「企業説明スライド」を作成

求人広告では伝えきれない企業の成り立ちや歴史・事業概要・募集背景・仕事内容の詳細・選考の流れなど写真や表を使いまとめ、さらに、オフィス風景や最寄り駅からの道のりなどの「動画」も制作。

2．企業に代わって「Web面談」を実施

「企業説明スライド」などの資料をもとに、応募者が面接に行く前にBonosで「Web面談」を行い企業への理解を深めてもらう。

3．「プロフィールシート」を作成

「Web面談」時に、求職者に対しても登録レジュメには載せていない略歴や経歴の補足・退職理由・やりがい・転職軸のポイントを聞き、それにBonosの所感・面接での深掘りポイントなどを追加した「プロフィールシート」を作成して企業にお渡し。

　Bonosが第三者として間に入り、お互いの情報を引き出した上で面接に臨んでもらう事で、「粗探しではなく良い所を探し合うような面接」「真の意味でのマッチング」が可能になる。このような取り組みが、他の求人広告代理店との差別化となり、お客様のリピートにつながっている。

このように、相手の困りごとに意識を向けて独自サービスに磨きをかけていれば、商品やサービスを販売しやすくなるという利点があります。

モノを売ろうとするより、お客様が抱える課題や問題に対する解決策をあらかじめ持ち、タイミングが来たら提供してあげさえすれば、やがては自社商品やサービスを提供する機会にも恵まれるのです。

他にも、こんな事例があります。

あるメンテナンス会社では、過去に取引のあった飲食店を経営するお客様から、「冷蔵や空調が壊れてしまったので、今すぐ修理してほしい」と依頼を受けたそうです。けれど、その日に限って作業員のスケジュールが埋まっていたため、対応は翌日に。お客様も、その日は営業をお休みすることになりました。

その日中にお客様の要望に応えられなかったメンテナンス会社は、この一件により信頼を失うことに。お客様も、その日の営業ができず、売上が立たないどころか、場合によっては食品を破棄せざるを得ないなど損失が出ます。

では、どうすればこのような事態を防げたのか。

それは、壊れる前にメンテナンスすることです。

そもそも機械には寿命があり、過去の修理履歴を把握していれば、プロとしての知識や経験をもとに、「このくらいの期間が経つと故障する恐れがあるので、その前にメンテナンスすることが望ましいですよ」とお伝えすることができます。

そして、作業員が確保できる日程でメンテナンスの案内ができます。事前に案内をしたうえで、お客様が断っていたとしたら、信頼を失うことは無いでしょう。

もっと言えば、メンテナンスサービスのメニューを複数準備し、最初に修理を依頼された際に、お客様の状況にあわせたメンテナンスサービスを販売することもできたのです。

お客様も、困りごとに対してタイミングよくプロから適切なサービスを提案されれば、「ぜひお願いしたい」と言う方がほとんどですし、定期的に訪問し、メンテナンスを行う中で、お客様との関係性を育むことも可能です。


このように、「お客様の困りごとは何か？」にスポットを当てることで、サービスは無限に展開できるのです。

ただし、「お客様の困りごと」は、いつ発生するか分かりません。これに応えていくためには、定期的なコンタクトが重要ですが、経営者や従業員個々の感覚で対応していくには限界があります。やはり、顧客管理などのＩＴツールの活用が必要になります。

どのツールが、効果的なのかを判断するためには、自社だけでは難しいため、専門家の知見も活用することが重要です。

TIP 17 取引先はどんな競争力を欲しがっている？

中小企業は単独で事業を推進するのは難しいため、大企業や得意分野が異なる中小企業と力を合わせて事業を推進していく必要があります。そういった力を合わせていく取引先にとっても、顧客同様に欲しがっているものがあるはずです。それを知ることで、自社の競争力を高めることができます。

中小企業は下請けになるケースも多くあり、下請けの場合、過去の取引経験やノウハウを活かせることや、新たな販売先等を開拓する営業活動を実施しなくて良いことなどの面でメリットを感じる一方で、価格条件等の取引条件の変更が難しいことや、過去の経緯等から無理な注文を押し付けられるなどの面でデメリットがあります。

「限られた得意先だけとの取引」「親しい担当者とばかりの面談」「顧客の言うままの特殊な仕様をそのまま受注」という現状維持、受け身の考え方では、いつ発注がなくなってもおかしくありません。そうなると、利益を上げるどころか売上すら確保できなくなってしまいます。そんなときは、取引先や顧客の悩みごとを解決して、自社の商品やサービスを選んでもらえるようにしましょう。

取引先の悩み事を自社サービスで解消した例をご紹介します。

【事例1】製本業（並製本・上製本の一貫生産）　ナショナル製本協同組合

（出典）受注型中小企業競争力強化支援事業成果事例集　東京都中小企業団体中央会
https://www.tokyochuokai.or.jp/images/tochu/31jyutyu/juchuseikajirei.pdf

電子書籍化や本離れが進む中、各出版社は、消費者の興味を喚起するため、装丁に工夫を凝らす企業が増えています。

その中でも多いのが、内容紹介などを印刷して、書籍の表紙や外箱の下方に帯状に巻いた「帯紙」と呼ばれる印刷物です。

例えば、帯紙が大きくなると、カバーの二重掛けに近くなり、紙厚等の微妙な条件を加味しないと、カバーに皺が入るなど、仕上がりの美しさに支障が出てしまう場合があります。

また、装着位置の調整等、人が介する段取りにも通常より時間がかかるため、料金が加算されるといったことも珍しくありません。

そこで同社では、各出版社の要望や困りごとを聞き、できるだけ要望に沿った完成本にするべく、機械を提供する機械メーカーにも相談。両者と話し合いを重ねながら出版社の満足のいくものが作れるようになり、受注量が増加。帯紙に工夫を凝らしたことで利益を出せるようになりました。

本を発行する出版社はもちろん、下請けである機械メーカーと同社にとっても嬉しいwin-win-win の関係が築かれたことは言うまでもありません。

【事例2】カスタムサラダ専門店　クリスプホールディングス

（参照）ニュースイッチ　株式会社日刊工業新聞社　https://newswitch.jp/p/23081

美味しくて満足できるサラダを、一つひとつ手づくりで提供するカスタムサラダ専門店の同店では、「人」しかできない仕事を最大化させるため、自社でのシステム構築に踏み切り、２０１７年に開発子会社を立ち上げてアプリをリリースしました。

顧客名や注文履歴、来店数などを管理することで、リピート客が来店した際にはスタッフへデータが表示されます。スタッフは顧客との接点を重視することができ、顧客満足度も上がるようになりました。

また、２０１９年にはモバイルオーダー運用ソリューションを投入し、自社の取り組みで活用したプラットフォームビジネスを展開。モバイルオーダーのためのソリューション「PLATFORM」はもともと自社運用のみを想定していましたが、他社からのオファーが増え、現在は数十社が導入しています。コロナ禍以降、テイクアウト利用の増加や店内滞在時間を短縮できることもあり、さらに問い合わせも増えています。

このように、**自社の競争力を上げる取り組みが取引先や同業他社の競争力強化につながり、その先の顧客満足度を上げ、付加価値化する**といったことも可能です。

今の時代、そういったひらめきが大事ですから、他にはない独自の強みを社内で探り、そこに注力することが競争力を上げることにつながるでしょう。

TIP 18

富裕層が何を求めるか?を逆探知

さて、高付加価値な商品やサービスを作っていくと、ターゲットはある程度お金を持っている富裕層となってきます。必ずしも富裕層をターゲットとする必要はありませんが、富裕層が求めるものを知ると、自社の価値の提供方法を変えるだけで効率的に確実に利益を確保できる可能性がありますので、ひとつの視点として考えてみてください。

では、その富裕層は、どこを探せばいるのか?

そういうときは、**ターゲットとなる富裕層がどのような行動を取っているのかを逆探知し、アプローチしましょう。**市場にはさまざまな顧客がいますが、富裕層と一般の人とでは、消費行動そのものが異なります。

富裕層の特徴として、自分で調べ、選んで購入するという購買行動を取る方が非常に多いです。富裕層同士のネットワークから情報を求め、入手するという経路が最たるものですから、何のツテもコネクションもなく販売しようとするのは逆効果です。手っ取り早いのは、富裕層のネットワークにうまく入ることでしょう。富裕層コミュニティとの接点をつくり、その中で自社商品やサービスが一度評判になった結果、効率よく富裕層ターゲットに商品やサービスが広がることがあります。

富裕層はクローズドな環境を好みます。入会審査がある会員制のホテルやクラブなど、そういったところに出入りする富裕層と関係を育むことも1つの手段と言えるでしょう。

この手法は、大手企業でも取り入れているもので、例えば、トヨタが展開する高級ブランド車「レクサス」は、富裕層をターゲットとしており、ショールームの作りもラグジュアリーな空間で、お客様ごとの〝おもてなし〟を行っています。

事実、その品格の高さやプレステージに注目が集まり、レクサスは富裕層を中心にユーザーが増えました。

また、中小企業でも富裕層をターゲットに業績を上げる会社が存在します。

【事例】製造業　株式会社大野ナイフ製作所

（出典）https://jirei-navi.mirasapo-plus.go.jp/case_studies/448

大野ナイフ製作所では、分業が当たり前の刃物業界において、最大１５０にも及ぶ全生産工程を完全内製化。機械化の推進に加えＩｏＴやＲＰＡを積極導入し、全生産工程を自社管理することで、こだわり抜いた製品の企画・生産や極小ピンホールひとつ見逃さない品質確保と量産を可能にしました。

「Harrods」でのディスプレイ

旬限定シリーズ「紫鳳」

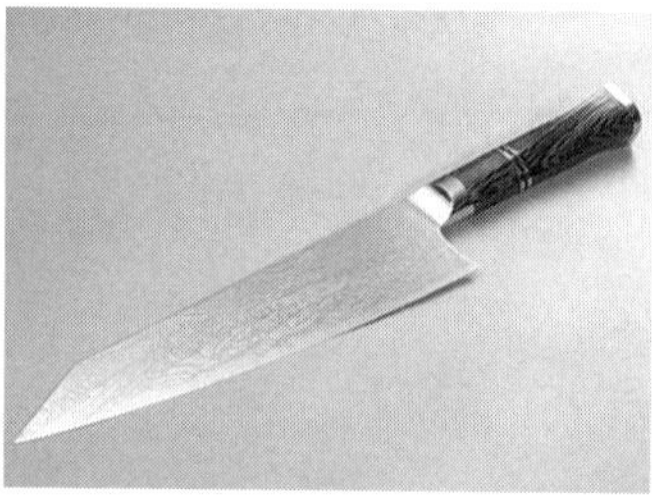

量産可能な高級包丁の生産に加え、「世界一の包丁造り」をモットーに、真の包丁造りの伝統と技術を後世へ伝承するため、完全ハンドメイドによる高級包丁を企画し生産したのです。OEM先である大手刃物メーカーのブランド「紫鳳（しほう）」は同じ紋様がひとつとないダマスカス模様と滑らかで鋭い究極の切れ味はもちろんのこと、ハンドルの尻金の材質や模様にも徹底的にこだわり、2年に1度の限定生産を行っています。

同社は、海外の富裕層の間には、オープンキッチンでホームパーティーを開く習慣があることに着目し、それまで包丁にこだわりをもつ考え方がなかった海外の富裕層のニーズに応える、切れ味や洗練されたデザインの包丁を送り出しました。その結果、価格は1本約20万円と高価ではあるものの、設計前から予約が入るほどの人気商品です。同社が「世界一の包丁」を探求した結果成しえた成功事例と言えるでしょう。

同社のような「1点もの」や「限定」といったキャッチフレーズも富裕層が好むものですから、高付加価値化を図り、富裕層へアプローチする手法も効果的と言えます。

TIP 19

「時間をお金で買いたい人」が答えを教えてくれる

時間はお金では買えない有限なものとされていますが、お金を払うことで、時間を生み出し、有効に使う方法は数多くあります。

本項では、自社サービスや技術を、消費者の時間と交換した事例をいくつか紹介します。

移動時間をお金で買う

東京―大阪間の移動には、新幹線、飛行機、高速バス、在来線などの公共機関の利用が考えられます。それぞれのおおよその時間と料金（片道）は、次の通りです（２０２３年1月現在）。

・飛行機　約1時間～1時間30分　約５０００～約２５０００円
・新幹線　約2時間40分　１４７２０円（のぞみ指定席）
・高速バス　約8時間　３５００～５０００円（閑散期）

IoT 家電

・在来線　約9時間　８９１０円
※青春18きっぷ１２０５０円

それぞれ、自宅から乗り物に乗る場所までの時間に加え、目的地までの時間も考慮しなければなりませんが、単純に時間と料金だけを見れば、８時間バスに揺られて５０００円払うよりも、＋αの料金を払い、飛行機や新幹線を利用して自分のために時間を有効活用するのが一番得策と言えるのではないでしょうか。

家電で家事の時間を買う

家事代行サービスは、１時間２０００〜３０００円が相場ですし、ＡＩやＩｏＴ家電の登場、例えば、「ロボット掃除機」、洗濯物を畳んでくれる「全自動洗濯物折畳みロボット」、オートメニューでハンバーグ・焼き魚・煮物なども手軽に調理できる「スチームオーブンレンジ」、その他にも時間節約となる多様な家電製品が登場しています。

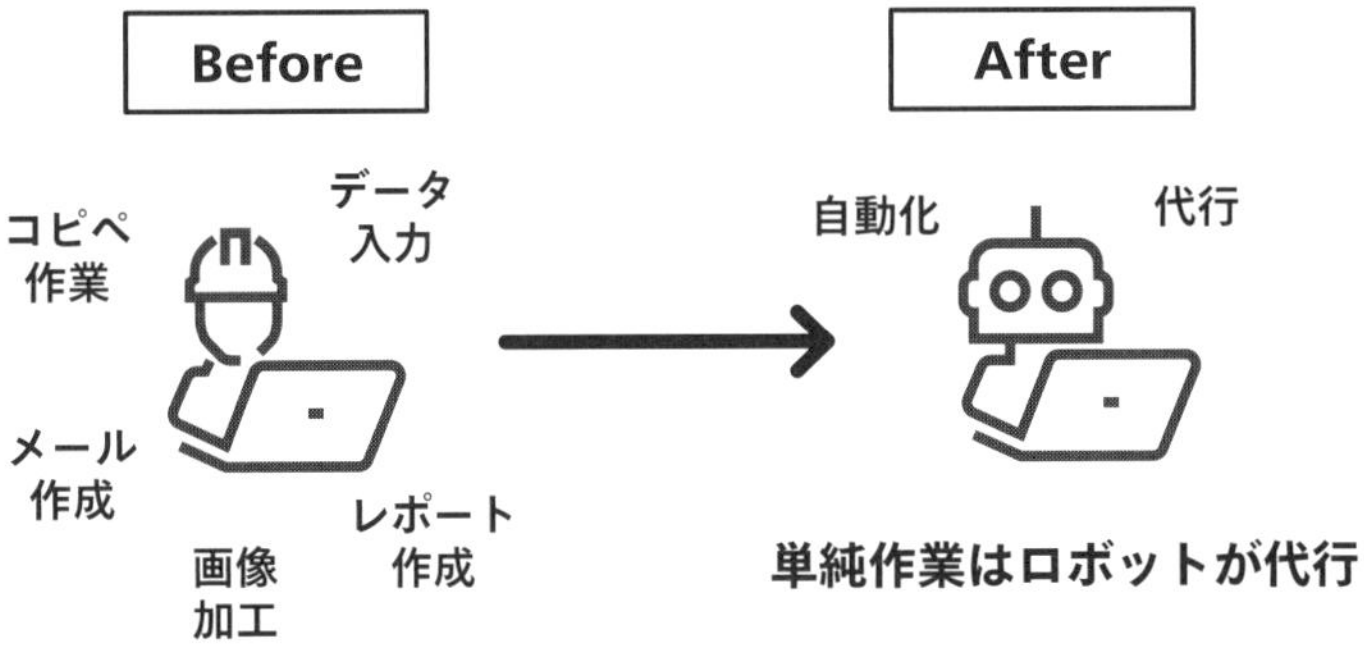

RPA(Robotic Process Automation)により、
単純作業をはやく、正確に、休むことなく実行!

広告表示のカットで時間を買う

無料動画共有サービスのなかで、絶大な人気を誇るYouTubeでは、会員制（月額１１８０円～）で広告表示をオフにするサービスを展開しています。

１本は短い広告でも、視聴時間と比例すると、かなりの頻度で広告は挿入されますから、無駄な時間を省きたい人にはなくてはならないサービスとして浸透しているでしょう。

ルーチンワークの自動化（ＲＰＡ）

会社のルーチンワークを、ロボットによって自動化する企業が増えています。

ＲＰＡで自動化できるのは、「ルール化が可能」で「繰り返し行われる」、「ＰＣで完結する」作業ですから、自社製品の口コミの自動収集や競合他社製品の情報収集&分析、経理業務の交通費精算、定型メールの送受信、レポートの作成、顧客情報のリストアップ、オペレーターサポート、システム管理サポート、長時間残業者のリストアップ、ＰＣの初期設定や指定アプリのダウンロードなど、さまざまな用途で導入されています。

ＲＰＡの利点は、24時間３６５日働き続けられること。感情はありませんから、不満が生じることもなく、ひたすら業務にあたってくれます。

ここで紹介した事例は極一部で、世の中にはいろいろな発想で時間を節約する商品やサービスが展開されており、時間をお金で買いたい人が、いかに多いかを物語っています。

言い換えれば、**時間を有効活用できる商品やサービスの需要は、今後さらに高まる**といえます。つまり、時間の有効活用化に目を向けることが、新たなビジネスチャンスにつながるということです。

TIP 20

どうすれば「日本一の質」が出せますか？

誰もが認める品質であれば、お客様は価値を感じてくれます。「日本一」「世界一」など分かりやすい数値でアピールできれば、明らかに他社と差別化できます。この項では、どういった企業が「日本一」「世界一」になっているのかを紹介します。

目指すは「日本一」、そして「世界一」のサービスを見出すことですが、そんなに簡単にアドバイスできれば、誰も苦労はしませんよね（笑）。

できることと言えば、やはりお客様の話に耳を傾け、拾い上げること。**お客様が何に困り、どのような解決策があるのか、共に考えるところが出発地点**です。

事実、そうやってニッチ分野で成功して世界一に輝いた会社が日本にはあります。

【事例1】菓子製造機械メーカー　株式会社マスダックマシナリー

（出典）日商 Assist Biz 日本商工会議所　https://ab.jcci.or.jp/article/12936/?page=1

埼玉県所沢市にあるマスダックマシナリーは、菓子製造機械メーカーとして、全自動どら焼機やトンネルオーブン、充填成型機などを製造している会社です。

中でも「全自動どら焼機」は、全国シェアの約9割を占め、海外では各国の菓子事情に合わせた製品がつくれる「サンドイッチパンケーキマシン」として、同様の菓子製造機では世界シェアのほぼ１００％を占めるまでに至っています。

もともとは、下請けをしながらお菓子やパンを製造する機械を研究しており、最初はどら焼きの皮を焼くだけの機械でした。それから、改良に改良を重ね、あんこを挟む工程も機械化に成功したと言います。

「全自動どら焼機」自体が独自開発だったため、当時から競合相手はいません。基本に忠実に、お客様の要望を拾い、店により異なる材料の配合や焼き具合などに対応できるようにしていった結果、多くの店から発注を受けるようになったのです。

その技術は、日本のみならず、世界でも求められるようになり、あっという間に世界№1シェアに。「職人が作るような良いお菓子を作りたい」。その信念が、素晴らしい結果に結びついたのです。

【事例2】機械製造　コジマ技研工業株式会社

もう1つは、「自動串挿し機」を製造したコジマ技研工業です。

それまでは手作業だった串刺しを、機械化してシェアを獲得。焼き鳥、野菜、フランクフルト、うなぎと、多種多様な食材を自動で串に刺せるように改良し、世界シェア9割を維持しています。

もともとは、創業前にとある焼き鳥店から「肉に串を刺す機械を作ってほしい」という依頼からはじまった取り組みでした。すでに串刺し機は市場に多数出回っており、競合他社が20数社もありましたが、既存品は品質が低かったため、業界では「串刺し機＝使えない機械」というレッテルが貼られていました。当社はその事実を知らずに独自の方法で製品を開発し、そこからどんどんブラッシュアップし、野菜やこんにゃくなど、串に刺すほとんどの食材に対応できるようになったそうです。

共通しているのは、お客様の話に耳を傾けた点と、試行錯誤や改良を重ねた点です。

この2つを徹底的に行えば、貴社も「日本一の質」を生み出せる可能性があります。たとえ長い時間を要したとしても、取り組む価値はあると言えるでしょう。

TIP 21

自社USPを棚卸しして高価値化に活用せよ

「日本一」になれなくても、自社独自の価値が伝われば、お客様は商品・サービスを選んでくれます。では、どのように伝えれば良いでしょうか。すでに自社の伸ばすべき価値として、「人的資産」「構造資産」「関係資産」についてお伝えしましたが、この項では、お客様に自社の価値をどのように伝えたら良いかについて説明していきます。

「うちの会社にはこれといった特徴がないんだよなぁ……」

経営者の中には、自社の売上が伸びない理由を、他社に比べて圧倒するような際立った特徴がないからだと考えている方がいます。

そういうときは、自社USP（Unique Selling Proposition）、言うならば「売り方」を意識して考えてみることをおすすめします。

USPとは、他にはない独自の価値を提案するマーケティング手法です。USPが明確な企業、あるいは商品は、顧客にとって何をしてくれるのかが明確なので、選ばれる理由

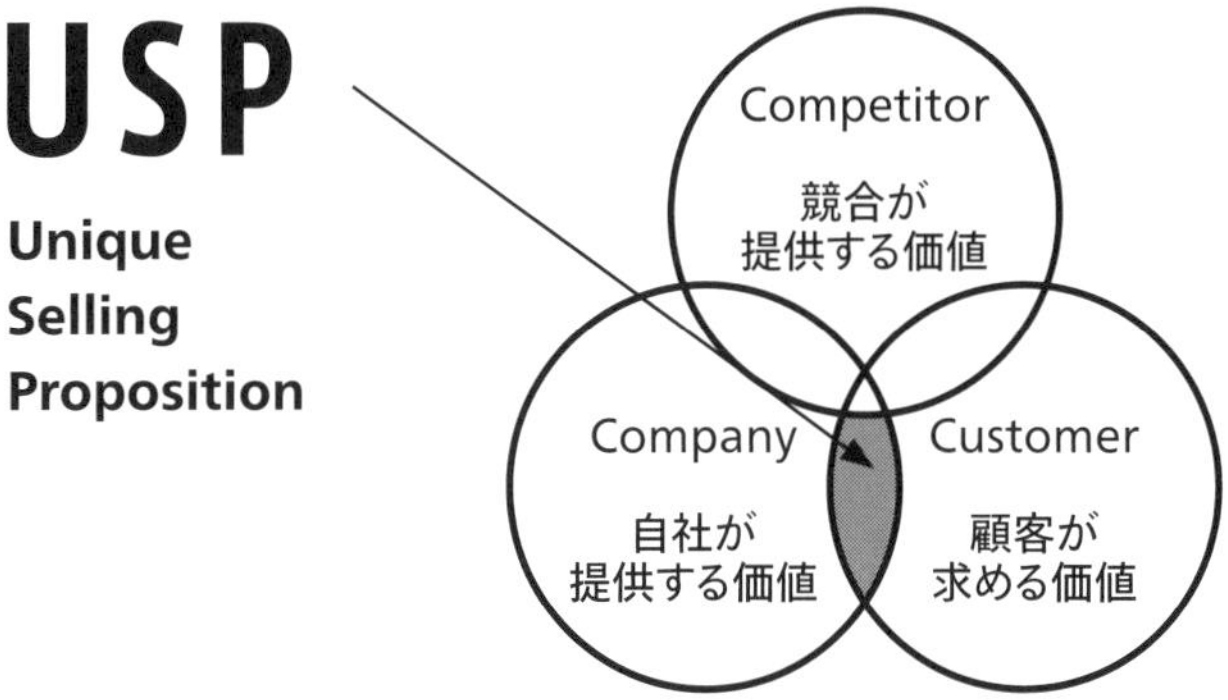

お客魔が求めている、そして自社が提供できるものを
明確に打ち出す！

があります。一方で、何の特徴も示すことができていない企業や商品は、顧客がどんな時に役立てることができるのかイメージがしづらいので、選ばれることはないでしょう。

　しかし、ここで重要なのが、USPは必ずしも他と比べて優れているところである必要はないという点です。

　身近な事例で言うと、ドミノ・ピザが出来立てのピザを30分以内にお届けすると公約し、間に合わなかった場合は無料でピザを提供する（2021年現在は割引の配達遅延クーポンを配布）とうたった取り組みがUSP手法に当てはまります。

　30分以内にピザを届けるということが、どの競合他社も真似できないほど優位性のある特徴かというと、そうではありませんよね。

　ピザの配達サービスであれば誰でもできる

ところ、同じ料金で時間制限を設けた上、制限時間をオーバーしたら無料といったうたい文句を付けた「売れる売り方」を考案したことで、宅配ピザが一般的になり、人気を博す仕組み作りを成し遂げたのです。

他にも、ダイソンの有名なキャッチコピー「ダイソン。吸引力の変わらない、ただひとつの掃除機。」も同手法にあてはまります。

ここでいう「変わらない」吸引力というのは、吸引力が他より優れているということは言っていません。従来の紙パック式掃除機では使うごとに目詰まりが起こり、吸引力が徐々に落ちてしまいました。ユーザーは紙パックが満杯になるまでは集めたゴミを捨てられず、吸引力が落ちることは仕方がないとあきらめていました。その点に着目して、顧客が得られる価値を簡潔に打ち出すことで、他の掃除機の3倍の価格でもヒットしたのです。

一度耳にすると、記憶にも深く刻まれるこのキャッチフレーズですが、それまでの掃除機にはないデザインもあいまって、これまでの掃除機とは全く別ものという印象を消費者に与えました。

このように、ＵＳＰを棚卸しすることによって、高価格で販売できるうえ、価格競争にも陥らずに商品の展開が可能になるのです。

両社に共通して言えるのは、打ち出し方が非常に明確である点です。

その企業が何を与え、何をしてくれるのか……他社との差異化を明確に表現しているから人気に火が付くのです。

その際に必要になるのが、〝顧客視点〟です。

お客様の立場になり、自社にどのような特徴があるのか、明確にわかるよう表記されているかを考えるのもそうですし、それでもわからないときは、お客様にアンケート調査を実施したり、ヒアリングを行ったりして、意見を聞くのが一番でしょう。

あとは、類似商品を扱っている企業に、お客様として説明を受けてみると、新たな情報や顧客視点での自社サービスの見直しができるかもしれません。

同様に、ダイソンのキャッチコピーのような、打ち出すメッセージについても考えを巡らせてみましょう。

ＣＭやＷｅｂ広告、チラシやパンフレットなどを参考にするのも良いですし、打ち出すメッセージに一貫性があることも重要です。

どの企業にも、他社にはない魅力や特徴があるからこそ、何年も営業を続けられているのです。

言い換えれば、その打ち出し方が顧客に届かないものであれば、伝わることはないのです。その場合は、自社の魅力を知るところからはじめてください。長年、付き合いのある顧客にヒアリングすると、ビッグヒントが得られたというケースもあります。まずは諦めず、自社のＵＳＰの棚卸しからはじめてみましょう。

TIP 22 伝説のサービスを付加すれば紹介で仕事がまわる

「伝説のサービス」と聞いて私がまず思いついたのは、アメリカ・シアトルに本部がある高級百貨店「ノードストローム」の高品位のカスタマーサービスです。

同店では、注文を受ければ自店で販売していない商品も直ちに取り寄せたり、一度袖を通し、洗濯した衣類でも、消費者が気に入らなければ返品に応じたりと、他店にはないサービスをいち早く導入しました。また、よく教育された店員が、心温まる接客を通じてユニークで素晴らしい買い物の経験をさせてくれるという取り組みも行っています。

日常を超えた特別なことが目の前で起こると、人はそれを誰かに話したくなるもの。人に話すことで、消費者はサービスを提供してくれた人の特別な態度を称賛すると同時に、そのサービスの対象になった自分に対しても誇りを感じるからです。

同店でも、サービスを受けた消費者伝えに口コミが広がり、多くの利用者が増えたと言います。

大手ブランドや高級百貨店とは異なり、中小企業では広告費や宣伝費はあまりかけられませんから、顧客の紹介や口コミで商品やサービスが広がり、知名度が上がるというのは、売上を上げるための重要な要素となります。

現代では、そのためのツールとしてTwitterやInstagramといったSNSがあります。**顧客のリアルな声で拡散された方が、営業をするよりも信用性が高まりますから、中小企業でも、いかにSNSを活用していくかを考えていくことが大切でしょう。**

ここでは、伝説のサービスが話題となり、顧客の間で拡散され、大ヒットした事例をいくつかご紹介します。

東京都港区三田にあるラーメン「J」　ここは、私も学生時代によくお世話になった人気ラーメン店です。当時は美味しさよりも、量の多さや見た目から人気を博しており、慶應義塾の学生が通い、色々な調味料を加え現在の味になったという説を聞いたことがあります。

興味本位に「1回は食べに行こう」と訪れた人が、「次はニンニクマシマシにしてみよう」など、無料トッピングを調整し、自分好みのラーメンを追求する人が続出。1店舗だったラーメン店が、のれん分けをして全国各地に広がっていき、そこでもまた人気を呼ぶラーメン店となり営業しています。

東京神田にあるサーフボードショップ「A」　同店では、サーフボードを購入したお客様に対し、ボードスクールの無料体験を実施。マンツーマンに近い丁寧なレッスンが好評で、サーファーの間ではたちまち有名に。「ボードを買うならA店が良い」など、初心者を中心に繁盛するようになりました。

現役著者が運営する出版プロデュース「S」 出版プロデュース業を営むS社では、設立から商業出版採用率85％を常にキープ。「S社にお願いすれば採用される」という口コミから多くの著名人が利用し、広告費や宣伝費をかけずに紹介案件だけで年40件以上の受注が入ると言われています。

東京都港区三田にあるオーダーメイドスーツ「K」 できる男のオーダーメイドスーツを東京で格安販売している同店は、業界トップクラスの品揃えを誇り、骨格スタイルアドバイザーの資格を取得した専属のスタイリストが対応。オーダーメイドスーツを依頼することで、隣にある美容室の年間利用サービスの提供や、同店主催のゴルフコンペやバーベキューといったイベントを定期開催し、顧客同士のご縁をつなぎ、新たなビジネス提携の場などを提供しています。

山形県長井市のフルーツタルト専門店「R」 長井ダム展望所の施設内で、市内でダイニングバーを経営するオーナーがオープンしたカフェ。店内は人気イラストレーターによる女性キャラを基調にしたインパクトある内装で、バーで人気メニューのピザに使用しているパイ生地、地元のフルーツ農家さん直仕入のフルーツ、癖になる自家製クリームで作った女性心をくすぐるタルトが人気です。宝石級の映える盛り付けで、来店したお客様からのＳＮＳによる拡散で、たちまち繁盛店となりました。

※現在の運営形態は変更になっている可能性もあります。

PHASE 3

わける

タスクのガラス張り化で無駄を発見！

PHASE 1でいらないものを「捨て」、PHASE 2で残ったものを「高単価化」してきました。

次に必要となるのは、この残ったものをいかに効率的に提供していくかです。

この章では、自社の仕事の内容を分析して、良いものを効率的に提供するための手法を説明していきます。

TIP 23

すべての仕事を「時間割」で見える化！

あなたは普段、スケジュールをどのように管理していますか？

おそらく手帳やアプリなど、さまざまなツールを利用して時間の管理を行っていると思います。では、従業員の業務に関しては、どこまで把握できているでしょうか。もしも従業員の管理を本人に任せているのであれば、これからは従業員一人ひとりの業務を共有し、把握するようにしてみてください。経営者がすべてを把握する必要はありませんが、社内で共有することは重要です。そうすることで、無駄を省き利益につなげることができるからです。

本項では、従業員のスケジュールを時間割で見える化することで、どのようなメリットがもたらされるかを解説します。

単にスケジュールの共有をするだけですから、そのための新たな準備は必要ありません。スケジュールが把握できるツールであれば、自社の管理ソフトでもいいですし、Googleカレンダーや Outlook の予定表等を利用すれば十分です。スケジュールの共有に関して

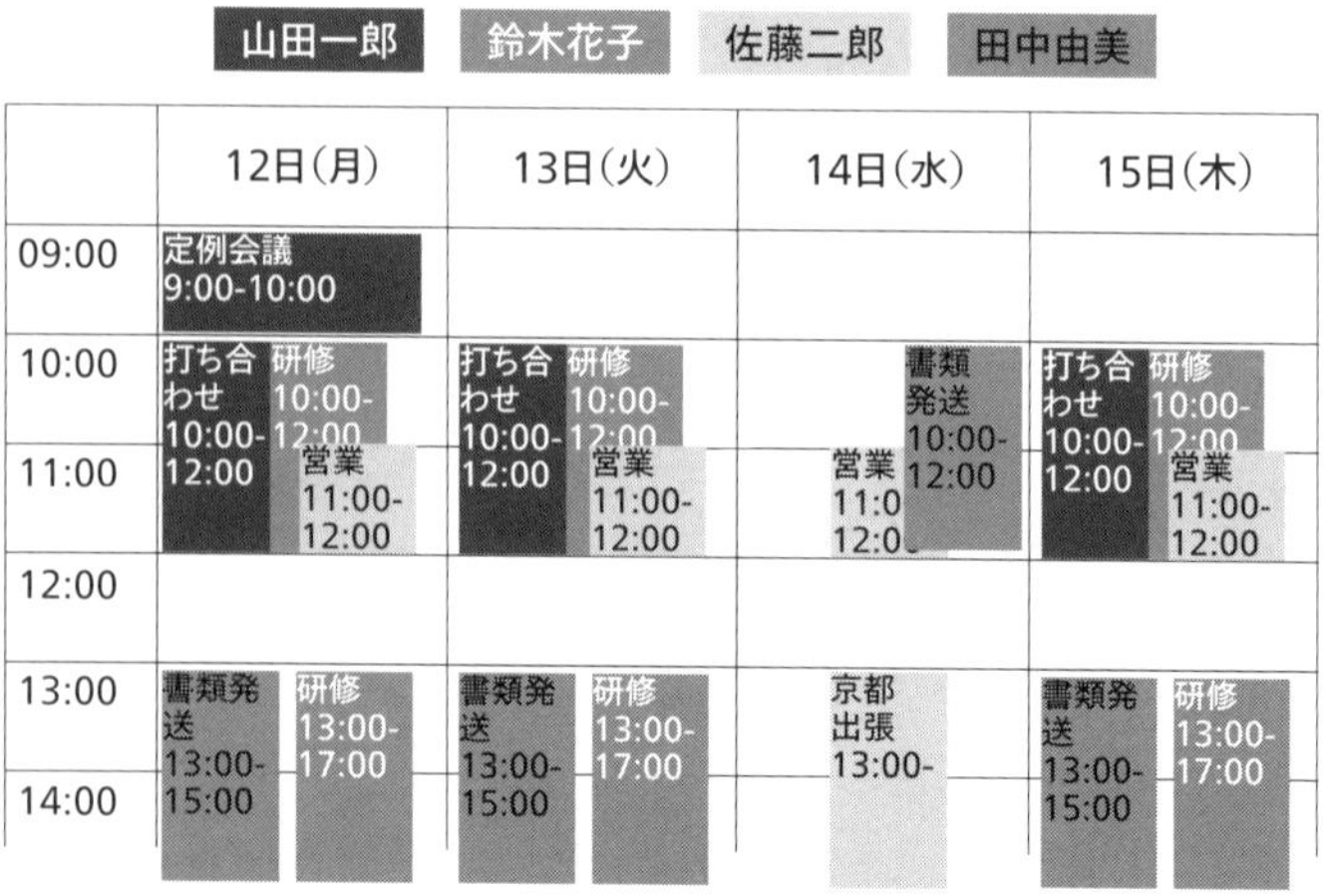

カレンダーツールでスケジュール共有すれば
従業員のスケジュールも見える化

は、お金をかけずに始められますから、すぐに実行しましょう。

一番大切なのは、従業員一人ひとりに「必ず記入してもらう」ということです。

できれば、1カ月分の予定を書き込んでもらいます。まずは各自が担当している業務をすべて洗い出し、できるだけ分解して書き出してもらいます。これによってタスクの抜け漏れを防ぎます。そして、急ぎの仕事や重要度の高い仕事から、優先順位を決めてもらう作業を行います。

それぞれのタスクの優先順位を決めたら、今度は期限を決めましょう。ポイントは、「アバウトな期限を設定しない」ということです。具体的な日時を決めることで、タスクの消化状況を確認しやすくなります。ただし、納期ぴったりに期限を設定すると、想定外の事態が発生した際の調整が難しくなってしまうため、期限は納期よりも早めに設定しておきます。これにより作業が遅れたときや急に別件が入ってきた場合でも落ち着いて対応することができます。

ここまで書き出したタスクをカレンダーに落とし込んでいくことで、本人の意識が大きく変わります。

やるべき仕事が明確になることで、スケジュールの立て方が変わります。スケジュール化してみて時間が足りないものは、優先順位をつけ、優先度が低いタスクに関しては関係者に確認し、リスケする選択をすることも重要です。そして重要度の高いタスクを優先的にこなしていきましょう。

仕事はひとりで完結するものはほとんどないため、重要度については本人だけでは判断がつかないこともあるでしょう。そういう場合は、管理職やチームリーダーのような方々が、チーム、案件、プロジェクトなどの単位で、全体のタスクを把握して判断することが必要です。

判断をするにあたっては、タスクを一覧化して確認する、カレンダーで確認する、ガントチャート（作業計画を視覚的に表現するために用いられる棒グラフの一種）で確認するなど、手法は様々ありますので、やりやすい方法を選んでください。

全体のタスクを把握するための手法は様々ある

［タスク一覧］

チーム	担当者	作業	開始	終了	状況
生産	A	生産計画	2023/8/1	2023/8/2	完
生産	B	材料加工	2023/8/3	2023/8/4	完
生産	C	製造（組立）	2023/8/7	2023/8/9	中
生産	D	製造（成形）	2023/8/8	2023/8/10	中
生産	E	最終加工	2023/8/14	2023/8/15	未
生産	B	目視点検	2023/8/16	2023/8/16	未
生産	A	規格点検	2023/8/17	2023/8/17	未
生産	D	梱包・出荷	2023/8/18	2023/8/18	未
総務	X	備品消耗品管理	2023/8/1	2023/8/2	完
総務	X	名刺発注管理	2023/8/21	2023/8/25	未
総務	X	契約チェック	2023/8/28	2023/8/30	未
経理	Y	請求処理	2023/8/1	2023/8/18	中
経理	Z	給与計算	2023/8/14	2023/8/18	未
経理	Z	給与振込	2023/8/25	2023/8/25	未
経理	Y	支払処理	2023/8/28	2023/8/31	未

［カレンダー］

[ガントチャート(生産)]

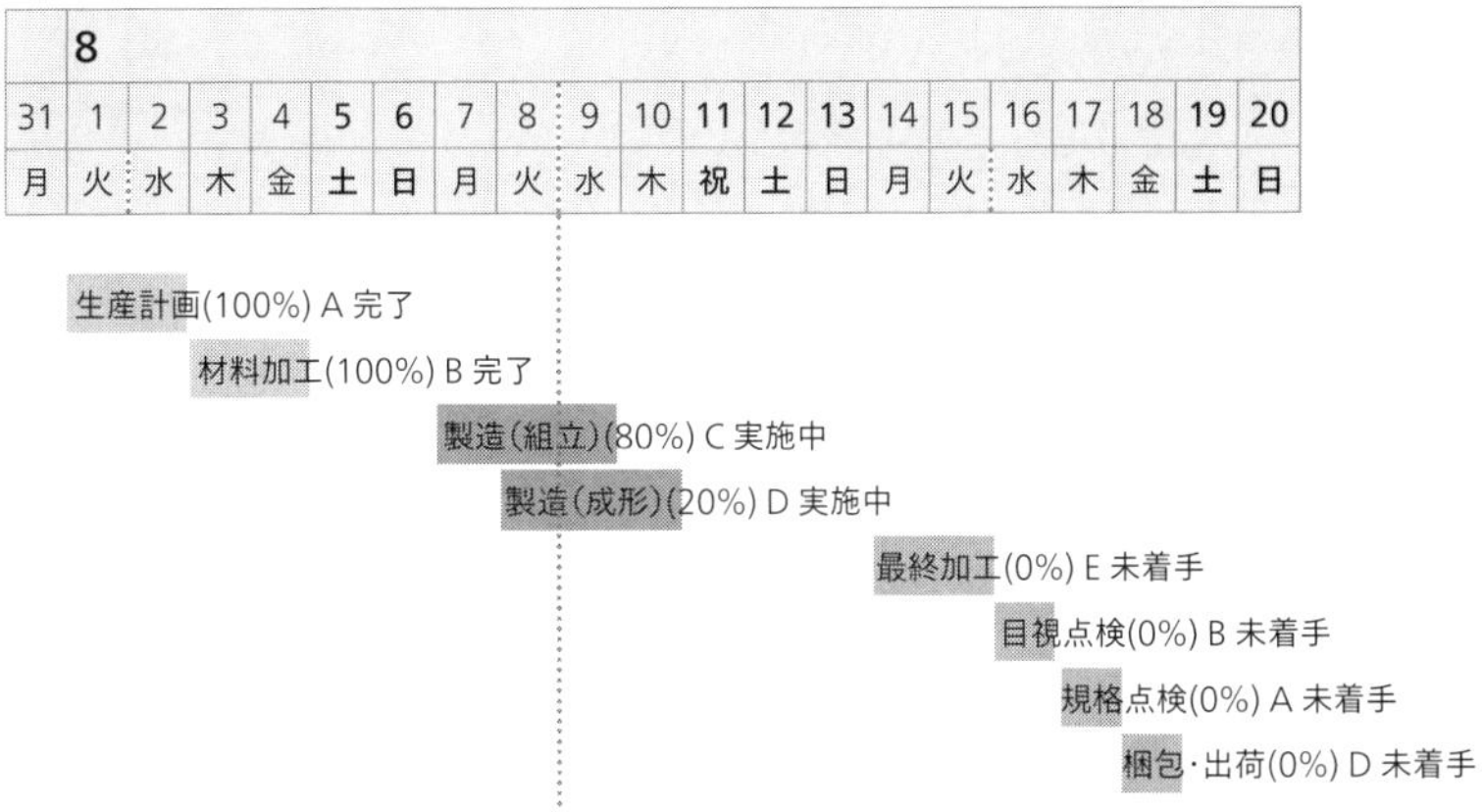

経営者としても、会社全体の動きがわかりますから、従業員がどの業務にあたり、どの案件がいつ終わるのかが、スケジュールを見ればひと目でわかるようになります。従業員では気づけなかった、無駄やムラに気づくことができるかもしれません。

まずは1カ月の予定を社内に共有するだけで、自分がどの時点で、他者からタスクのバトンを貰い、いつまでに次の担当に渡すべきか?が明確化します。これにより、業務が計画的にすすみ、納期が守られ、顧客からの信頼確保につながります。時間外労働や業務の重複なども減り、これが利益増大につながるのです。

TIP
24

全従業員に「作業の種類」と「所要時間」を書いてもらう

スケジュールの共有ができたら、次は「作業の種類」と「所要時間」の記載を習慣化してもらいます。

前項では、従業員一人ひとりに時間割を作ってもらい、スケジュールを組んでもらうことをお願いしました。

本項では、そのスケジュールを元に、仕事の種類分けと、その所要時間を明確にすることで、標準時間を設定する方法をお伝えします。

業務には、様々なものがあるため、主要な業務を一覧化しておくと、従業員も記載がしやすくなります。

また、きちんと申告してもらうためにも、この時点では作業時間が長いからといって人事評価に影響しないということを付け加えることが大切です。

無論、これまで申告してもらったことがないなら、どのくらいの時間をかけて行う業務

チーム	作業	担当者	タイミング	作業時間	内容
経理	請求処理	A	月次(月末)	3h	顧客に対して請求書を発行する
経理	給与計算	B	月次(月末)	10h	毎月25日時点で従業員の勤務状況を確認し、給与計算を行う
総務	契約書作成	C	都度	1h	営業部から依頼を受けて、顧客毎に契約書を作成する
総務	備品消耗品管理	C	都度	0.5h	社内の備品、消耗品を週に1度確認し、不足があれば発注する
生産	製造	D	その他	5h	材料から部品をつくり、組み立てて商品にする

まずは作業ごとの時間を申告してもらう

が妥当なのかは誰も見当が付きません。重要だと思われる業務だけでも、関わる従業員に作業時間を申告してもらい、平均時間やコストを分析して、少しずつでも指標を作っていきましょう。

その指標ができれば、「この人は作業効率が良い」、「この人はこの作業が苦手」といった個々の能力にも目を向けることができます。

得意分野をさらに伸ばすことができますし、向いていないのであれば、その他の作業で得意分野がないかを検討するなど、適材適所への配置が新たな利益をもたらすことは言うまでもありません。

注意してほしいのは、その業務にあたる際の、準備時間も作業時間に組み込むことです。

例えば製造業などでは、作業前に機械の調整を行ったり、部品を準備したりと、段取りをする時間が必要です。同じように、業務終了後の片付けや清掃も作業時間の一環ですから、忘れずに記載してもらう必要があります。

これは製造業に限らず、全ての業務に言えることで、何かしら付随した作業が出てきます。また、人は常に全力で仕事に向き合えるわけではありません。休憩時間以外にも、トイレや喫煙休憩、他部署や従業員同士の連絡共有や雑談など、時間を要するのが当然です。

ですから、作業時間や段取り時間を算出する際は、正味時間＋作業前後の余裕時間も加味して申告してもらいましょう。

TIP 25
仕事のブラックボックス化を解決する方法

組織の体制変更などをする際に、こんな心の声に悩まされたことはありませんか？

「あの仕事は特殊な仕事で、簡単に他の人に引き継げるものじゃないからな……」など、他の人にはできないからと決めつけてしまっていませんか？

しかし、〝その人でなければできない仕事〟など、滅多にありません。

インプットとアウトプットは明らかでも、そのプロセスがどのように行われているか分からない「仕事のブラックボックス化」を放置した結果、組織の生産性は下がり、新人・若手は育たず、無駄ばかりの低生産性組織が出来上がることもあります。また、プロセスが不明ということは、不正の原因となることもあるので気を付けたいところです。

【事例】倉庫業者　株式会社コープデリバリー
（参照）中小企業白書２０１８　中小企業庁
https://www.chusho.meti.go.jp/pamflet/hakusyo/H30/PDF/chusho/04Hakusyo_part2_chap2_web.pdf

同社は、3年以内に残業をゼロにするとの目標を掲げ、その取り組みの手始めとして、全社員に対するアンケート調査を行い、残業発生要因が、仕事の属人化やコミュニケーション不足等にあると特定しました。

そして、仕事の属人化を避けるべく、作業のマニュアル化により多能工化を進め、同一作業に複数担当を付ける（ダブルキャスト）ことにより、業務過多となった部門に対する人材の融通のしやすさや休暇の取得し易さにつなげました。

また、毎日の作業スケジュールを明確にし、従業員同士で共有するため、各人の１日の作業フローをホワイトボードに一覧表形式にして貼り出し、手助けが必要な従業員は、ボードに「help」が必要という趣旨のカードを貼り出して、他部門からの応援を要請できる仕組みも取り入れました。

こうした取り組みの結果、２０１７年4月から２０１８年3月までの累計で、残業時間は前年比55％減少、残業代は約５８０万円の削減となり、従業員一人当たり17・５万円が還元され、組織の生産性があがるだけでなく、モチベーションアップにもつなげています。

このように「仕事のブラックボックス化」を避けるために、まず取り入れてもらいたいのが、「わける」作業です。

わけるとは、個々のタスクの重要性や緊急性、収益性などの点からその特徴を分類し、タスクフローを組み立てていく作業のことです。

「わける」の作業では、タスクは全て「見える化」し、その仕事本来の価値を評価しやすくしておく必要があります。分けた作業を他者で分担すれば、業務をチームにおいてスムーズに進めることができます。

では、仕事のブラックボックス化を発見した場合、どうすればいいのでしょうか。

その答えは、作業内容を自己申告させず、管理する側で作業リストを作って時間を記入してもらうとともに、不足している作業と時間を追加してもらうことです。ところが「業務を効率化したいから、すべての作業内容と所要時間を書いてください」とお願いしたときに、快く応じてくれない場合もあります。しかし、ここは粘り強く、なぜ会社にとって必要なのかを説明し、面談などを通じて部下の「作業内容と所要時間の明確化」を丁寧におこなってください。

作業項目をあいまいに記載したり、時間を水増しして特定の作業の大変さを表現するような余地を与えないことは、チームリーダーとして重要な責務の１つであり、結果的に社員を大切にするためのケアでもあります。

ここで大切なことが１つあります。それは「一見無駄な作業」でも意味付けをして前向きな言葉で記載してよいことにしてください。

例えば、「会議」というメニューの他に「円滑なコミュニケーションのための雑談」という項目の記載をあえて許可するといったことです。

「手作業でていねいに書類を作る作業」や「工程を細かく記録する作業」といった項目も

これに該当します。

「これもカウントしていいんだ」と思わせ、ウソがつけない状態をあらかじめ設定します。その上で、「その作業の必要性」や「理想的な所要時間」をあらためて話し合っていきます。

逆に、その従業員がおこなっていない可能性が高いが、本来は期待されている作業もリストに含めます。例えば、「生産性や利益を上げるための仕組みの検討」や、「スキルアップのための取り組み」といった項目です。

これにより、その従業員は、自分が期待されていることに気づき、今からその作業を始めてくれる可能性も高まります。

このように、業務を「見える化」するために、作業項目と所要時間をできるだけ詳細に各担当者に申告してもらうことで、業務のプロセスが明確になり、多くの改善点が見えてきます。ブラックボックス化している可能性のある従業員に対しては、きめ細かな対応で「見える化」への協力をしてもらいましょう。このときの小さな労力が、組織の生産性の大きな改善につながるのです。

TIP 26

経営者、従業員、社内、社外の4象限で分けてみる

さて、ここまでたくさんの手法をご紹介してきました。ここでは、一つひとつの作業をどのように実施するのが最も効率的になるのかをグループ分けをして考えていきたいと思います。

まずは、「経営者」、「従業員」、「社内タスク」、「社外タスク」という軸で、4象限に分け、グルーピングを行ってみましょう。

次ページの図をご覧ください。左側が直接的には利益を生み出さない仕事のグルーピング、右側が利益を生み出す仕事のグルーピングになります。円の大きさは作業のボリュームの目安だと考えてください。これらの1つ1つについて、現状、経営者がどのような作業に時間を取られているか、従業員の作業にどのようなものがあり、かけている時間がどの程度なのかを確認してみてください。これまで集めた情報から感覚的に表すだけでも十分です。

次に、本来、取り組むべき担当者は誰なのか、どの程度の作業量が妥当なのかといった

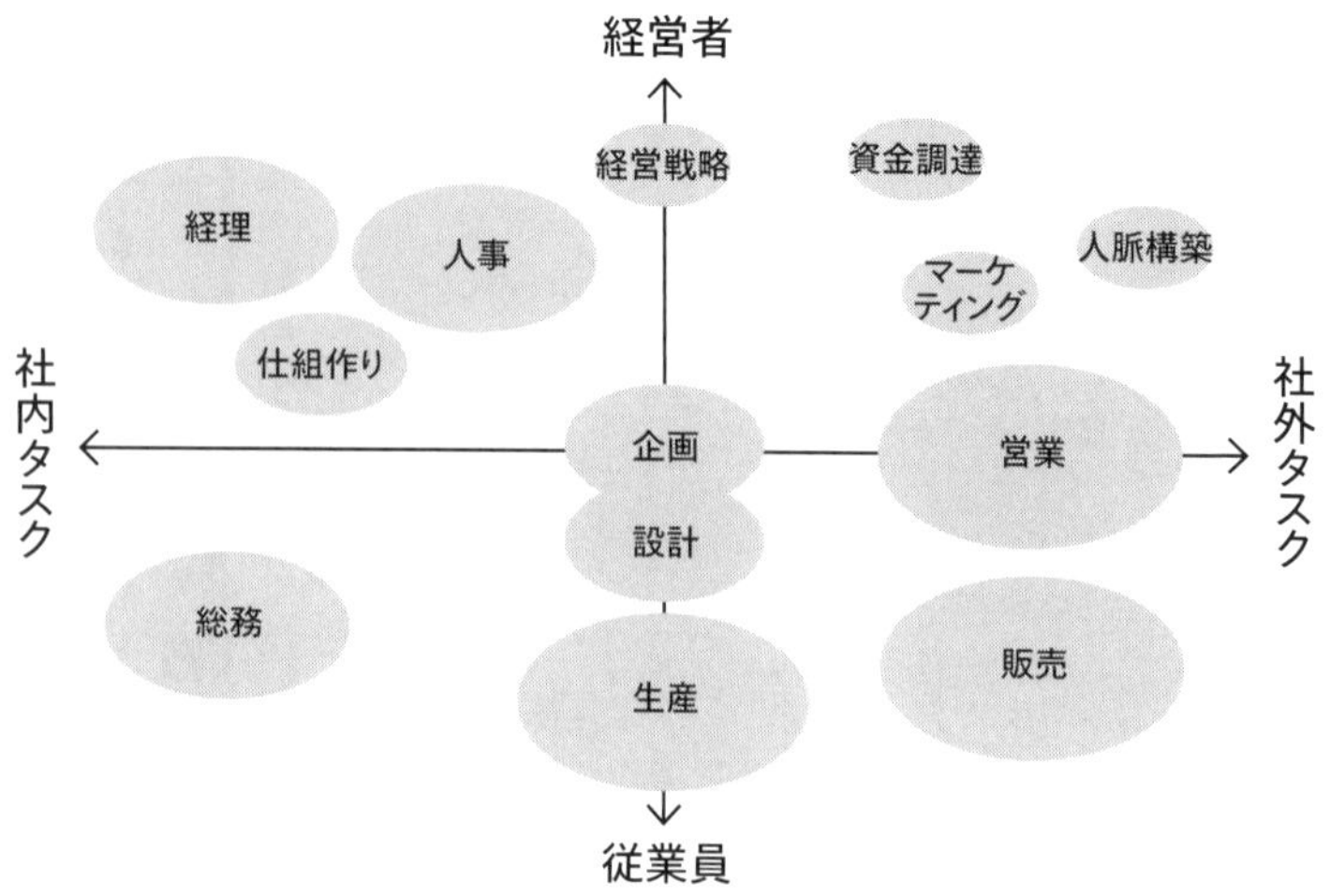

会社の業務とボリュームを見える化すると、
どこに手を付ければ良いかが見えてくる

観点で全体のバランスを再度見直してみましょう。その際にどうすれば効率化できそうか、効率化して作られたリソースで何ができるか、経営者がやっている作業を従業員に任せられないかをイメージしてください。

この作業をすることで人がそこまで時間と労力をかけて取り組まなくても、機械やシステムがあれば解決する作業が見えてきたり、経営者が現場作業に時間を取られていることに気づくことができます。

4象限に分ける目的は、そういった〝気づき〟を得ることにあります。

また、会社の継続のためには、将来の売上と利益を増やしていかなければなりません。そのためには、「社外タスク（利益）の領域」にある業務にしっかりと時間を確保して取り組むことが求められます。

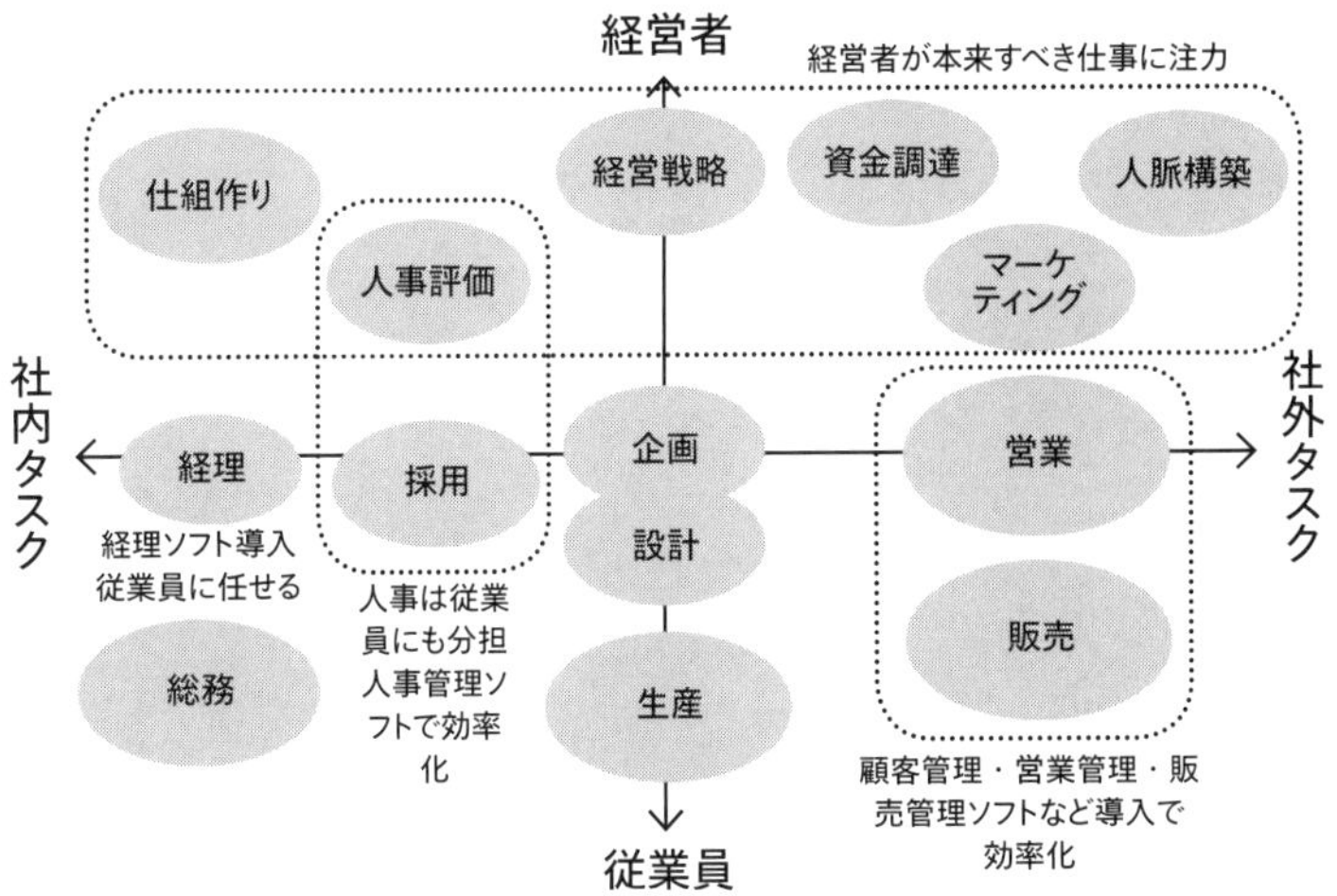

注力すべき仕事のボリュームを増やすために
できることを検討

また、企業によっては、経営者が「経理」や「人事」といった仕事に多くの時間を取られている場合もありますが、本来、経営者とは、「経営戦略」や「マーケティング」「人脈構築」といったところに力を入れていくべき立場です。

事務作業や従業員への細かい指示出しなどに時間をとられ、本来やるべき「経営」という仕事をおろそかにしないことが、会社の利益を増大させるために重要です。

ですから、もしも経営者がどっぷりと「経理」、「人事」に携わっているなら、信頼できる従業員を育成していくことを考えてください。

どの作業もそうですが、まずは現状把握が優先です。現状を把握することで、会社が今、どのような状態なのかを冷静に判断し、今後の対策を立てていく……。いわば、仕組み作りの重要性に気づくことが、本書を通して一番お伝えしたい点でもあるからです。

【事例】見積作成支援システム「ターミナルＱ」を開発　月井精密

https://terminal-q.com/

名取社長は２００４年４月に20歳の若さで祖父の跡を継いで月井精密の社長に就くと、その直後に祖父が病気で倒れてしまいました。

祖父が担当していた見積り作業を引き継がなければいけなくなりましたが、祖父の長年の現場経験と経営者として積み上げてきた知見から成り立っていた作業だけに、簡単には継承できない「暗黙知」でした。四苦八苦して見積書を作成しましたが、１日に複数の見積書作成を求められると他の業務が何もできなくなるという事態に陥っていました。

製造業の見積もり作業では、材料費、工具代、運送費、社内加工賃、外注費など要素が多岐にわたり、ノウハウが人に依存しすぎていました。

この見積もり作業を分析すると、１案件で複数の外注先、仕入先とのやり取りが発生して、その依頼と回答のやりとりが10件ずつ（計20件）くらいありました。月井精密では月に１０００件以上の見積もりをしており、外注先等を含めると約２万件のメール・ＦＡＸ・電話のやりとりが発生することがわかりました。

名取社長はこのような複雑な見積もり作業をメール・ＦＡＸ・電話などでやりとりしていることに違和感を覚え、２０１５年12月にＩＴを活用したシステムの開発やサービス提供を行う新会社「株式会社ＮＶＴ」（２０２０年に株式会社TERMINALQに社名変更）を設立、青山学院大学の長谷川研究室と連携するなどしてクラウド型の見積作成支援システム「ターミナルQ」の開発にこぎつけました。

「ターミナルQ」の基本的な機能は見積書の自動作成にありまする。見積り金額は「単価×時間」で計算するので、ユーザーは予め「旋盤」「塗装」など見積り金額に反映させる自社の各作業工程と作業者を自由に登録し、それぞれの工程と作業者ごとの時間当たりの単価を設定するだけです。顧客から送られてきた図面をパソコンやタブレット、スマートフォンなどの画面に取り込み、その図面をもとに、材料や作業工程、機械、作業者などを画面上で選択していけば、自動で見積書が作成されます。

まずは月井精密で見積もり作業を自動化することで、名取社長が見積もり作業から解放されました。さらに、10人分くらいの作業効率化につながり、これを社外にも展開していき、現在では製造業だけでなく、あらゆる業種の見積もりを楽しくするサービスとして、1500社以上に利用していただいています。

TIP 27

〝忙しい〟をなくせば負の連鎖はおこらない

ここまで再三、現状把握の重要性を説いてきましたが、前項の4象限の分類により、会社全体としてバランスが取れた仕事の割り振りがイメージでき、さらに細かく現状の分析がなされたのではないでしょうか。分析まではいかなくても、課題は見えてきたはずです。

経営者が「忙しい」とこぼしていた理由も、より明確になったことと思います。

この「忙しい」とは、「心を亡くす」と記す通り、余裕を持ち行動ができないことを意味します。いち従業員ならまだしも、経営者が目先のことに専念してしまうとどういうことが起こるのか――。よくあるのが、資金繰りを疎かにしてしまい、月末になって慌てふためく光景です。

経営者が頑張って会社の売上が上がれば将来の入金予定となる売掛金も増え、実際に入金されれば収益も増えるでしょう。しかし同時に仕入れなどの買掛金も増えるので、その支払いも行う必要があります。多額の利益をもたらす大型案件を受注したとしても、支出

経営者が従事している業務

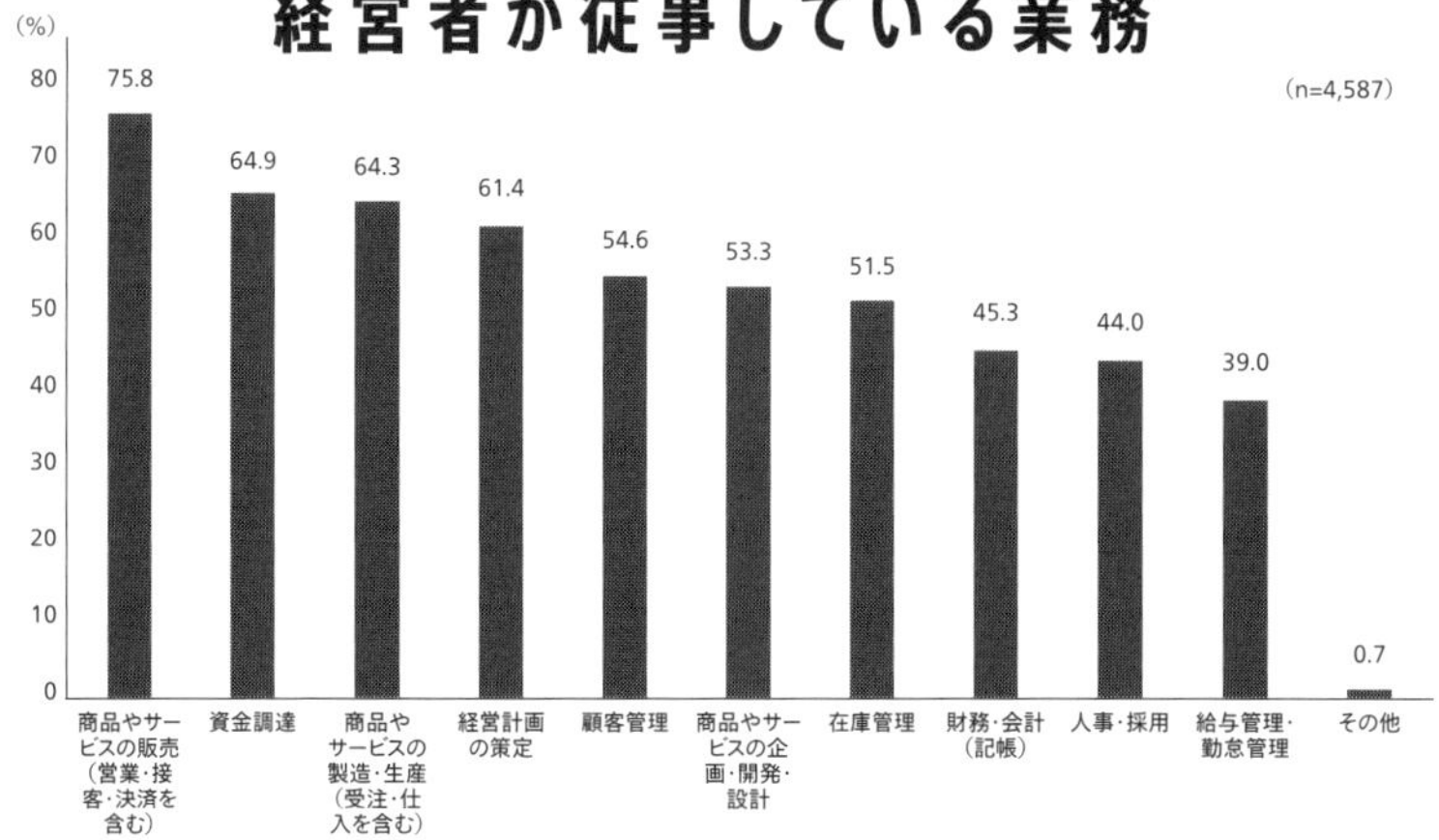

（資料）三菱UFJリサーチコンサルティング㈱「小規模事業者等の事業活動に関する調査」（2017年12月）（注）複数回答のため、合計は必ずしも100%にはならない。

中小企業の経営者は幅広い業務に従事しており、とても忙しい！

ばかりが先行すれば、資金繰りを圧迫する可能性も考えられます。

しかも、そういうときに限って、突発的なトラブルや見落としなど、負の連鎖が次々と起こりかねません。

余裕を持ったスケジューリングは、ぜひ従業員にも実践してもらいたいところ。先ほどの4象限を参考にして、適所に作業を割り振り、余裕を持ったスケジュールの組み立てを考えてみましょう。

本項では、これまで時間を要していた作業を軽減する事例を挙げたいと思います。

【事例】ネットCDショップ　株式会社カケハシ・スタイル

（参照）2018年版　小規模企業白書　中小企業庁

https://www.chusho.meti.go.jp/pamflet/hakusyo/H30/PDF/shokibo/04sHakusyo_part2_chap1_web.pdf

同社は創業当時、社長が自らの手作業によってネットショップを運営していたため、深夜まで働くことも多くありました。「売上を今後伸ばしていくためには、付加価値を生む仕事に比重を置く必要がある」という考えのもと、ＩＴ導入による単純作業の削減を目指し、社長自らプログラミングやデータベースを独学し、社内で地道な改良を重ねていきました。従業員入社後には、ＩＴを駆使して業務標準化を行い、社長のみがノウハウを持っていた中古ＣＤの値付けや輸入ＣＤの受発注の業務を、社長以外の従業員でもできるようにしていきました。

現在は、在庫データ、顧客データ、査定データ、発信コンテンツを全てクラウド上で一元管理し、データを連携させることで、作業時間を減らす業務効率化と顧客ニーズに合わせた効果的な情報発信を実現。自社開発システムだけでなく、無料のクラウドサービスも活用することで、従業員同士の情報共有とコミュニケーション促進にも積極的に取り組んでいます。従業員は、互いの進捗状況や考えをリアルタイムで把握することができるため、自分の判断で業務を効率的に行うことができ、自主性も生まれています。

こうしたＩＴによる業務効率化によって、現在は業務のほとんどを従業員に任せ、社長は、大幅に削減された業務時間を使って、商工会のセミナーへの参加や勉強を行い、中小企業診断士の資格も取得。現在はＩＴコンサルタントとして小規模事業者にＩＴの導入支援を行うなど、新たな事業領域を開拓しています。

加えて、今後は業務を軽減する次のような技術も普及していくのではないかと私は予測しています。

とある大企業が、中小企業向けの金融サービスを検討しています。これは、中小企業が資金繰りで困らないようにするため、過去の取引状況や銀行入出金の情報を自動で取り込み、ＡＩの技術を活用して将来予測をするというものです。将来どの程度キャッシュが必要になるのかを予測し、必要に応じてタイムリーに金融機関に連携することで、金融機関からも適切な融資が可能となるわけです。

企業側としては金融機関に知られたくない情報もありますから、すべてを自動で連携することは難しいかもしれませんが、うまく活用できれば金融機関との信頼関係を強化しつつ、経営者が頭を悩ます資金繰りの業務を効率化することが可能となります。

ぜひ新技術の導入も検討してみてはいかがでしょうか。

TIP 28

損益計算書で分けてみる

経営者は、会社の利益を常に正確に把握していなければいけません。

損益計算書を見ることで、利益と損失が明らかになります。

特に営業利益を見れば、本業で儲かっているかどうかが分かるので、**営業利益を把握する「仕組み作り」ができれば、V字回復につながる足掛かりとなります。**

ここでは、次の赤字企業の損益計算書を例に、利益の見方と現状の見直しポイントを考えてみましょう。

損益計算書から分かる利益の区分には、網掛け部分で記入した「売上総利益」「営業利益」「経常利益」「税引前当期純利益」「当期純利益」の5つがあります。この5つの利益を図示すると次のようなイメージになります。

5つの利益に着目する

（単位:千円）

売上高	30,000
売上原価	25,000
売上総利益	5,000
販売費・一般管理費	8,000
営業利益	-3,000
営業外収益	500
営業外費用	1,000
経常利益	-3,500
特別利益	0
特別損失	500
税引前当期純利益	-4,000
法人税等	0
当期純利益	-4,000

材料の仕入れにかかった費用、商品の製造にかかった費用など

総務の人件費、広告費、旅費交通費など

受取利息、有価証券の売却益、不動産賃貸料など

支払い利息、有価証券の売却損、社債利息など

不動産売却損、長期間保有している株式や証券売却損など

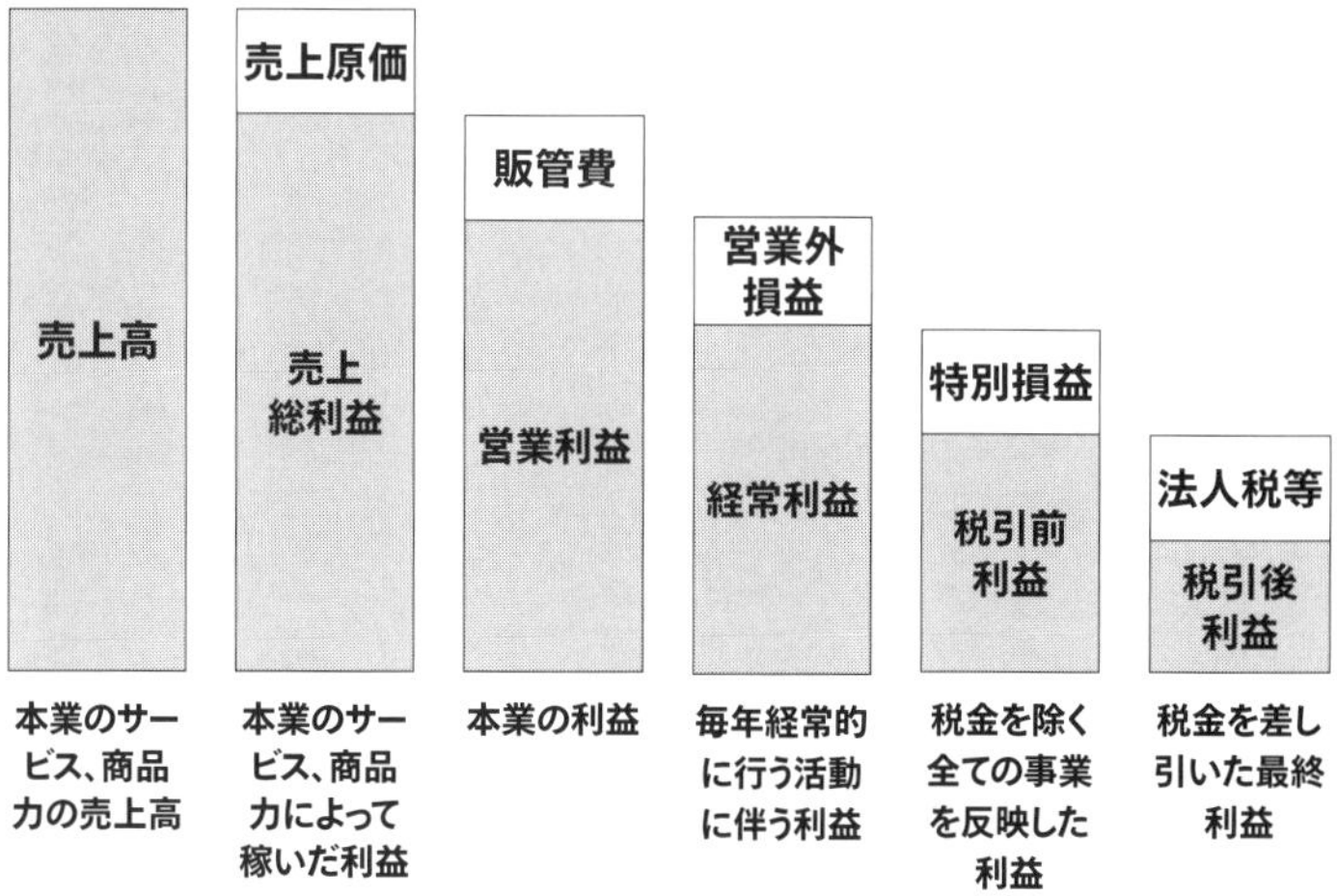

	改善前	→	改善後
売上高	**30,000**	**10%UP**	**33,000**
売上原価	**25,000**	**10%削減**	**22,500**
売上総利益	**5,000**		**10,500**

売上高を10%UP、原価を10%削減したことで、
利益が2倍以上に!

【売上総利益の改善】

1つ目の「売上総利益」は、売上高から売上原価を引いたものになります。売上高は、商品を販売したり、サービスを提供したりといった、営業活動の対価として得られる収益です。売上原価は、商品を仕入れたり、製造したりするときの原料や加工にかかる費用になります。当然ながら売上高が大きく、売上原価が小さいほど、利益は大きくなります。

まず売上高を大きくするためには、売上の構成要素となる顧客や取引先から打ち手を考えます。今後も伸びが期待できる顧客への対応強化や新規顧客開拓などで客数を増やす、既存顧客との関係性を深めて購入頻度（リピート率）を上げるなどを検討します。客単価のアップは慎重に行う必要があり、商品やサービスがより顧客の価値やお困りごとの解決につながることを伝えることがポイントとなります。

売上＝客数×客単価×購入頻度

売上原価については、仕入単価や外注先を見直すこと

	改善前	→	改善後
売上高	30,000	10%UP	33,000
売上原価	25,000	10%削減	22,500
売上総利益	5,000		10,500
販売費·一般管理費	8,000	10%削減	7,200
営業利益	-3,000		3,300

売上高UP、原価削減に加え、販管費10%削減で
営業赤字が一転、黒字に!(利益率:-10%→+10%)

で減らすことができる可能性があります。その際、大きな仕入先があるようであれば1社に依存すると価格交渉がしにくくなるため、分散することによってコスト削減が図れる場合もあるでしょう。また社内原価（人件費）が大きいのであれば業務効率化を検討する必要があります。ただし、業務効率化は長期的な対策であり、即効性はありません。

【営業利益の改善】

2つ目の「営業利益」は、本業で稼いだ利益になります。売上総利益から販売費及び一般管理費を引いたものになります。販売費には、販売手数料、広告宣伝費などが該当し、一般管理費には、間接部門の人件費、家賃、水道光熱費、交際費、旅費交通費などが該当し、比較的見直しがしやすい項目です。

人件費や家賃の削減、交際費や旅費交通費の見直し、広告宣伝費の費用対効果を調べることによって、コスト削減が図れるでしょう。

	改善前	→	改善後
売上高	30,000	10%UP	33,000
売上原価	25,000	10%削減	22,500
売上総利益	5,000		10,500
販売費・一般管理費	8,000	10%削減	7,200
営業利益	-3,000		3,300
営業外収益	500		500
営業外費用	1,000	10%削減	900
経常利益	-3,500		2,900

借入5,000万円、金利2.2%、返済期間5年とすると、1年の利息は約100万円。金利が2%になれば利息は約90万円で10%削減になる

【経常利益の改善】

３つ目の「経常利益」は、事業全体から得た利益で、本業以外の財務活動などによる収益と費用を反映します。会社の資産運用益や借入金利息なども加味されることになりますので、遊休資産があれば有効活用できないか、借入金の支払利息をもっと減らすことができないかを検討することで、利益を確保しましょう。

【税引前当期純利益の改善】

４つ目の「税引前当期純利益」は、経常利益から臨時的な損益を加減した数字です。この特別損益のうち、実際の計上例が多いのは圧倒的に特別損失の方です。例外的なまたは異常な事象に基づき、多額であることが条件ですので、自然災害や新型コロナウイルス感染症による企業への影響のように、臨時的で発生が予期できない大きな損害も特

	改善前	→	改善後
売上高	30,000	10%UP	33,000
売上原価	25,000	10%削減	22,500
売上総利益	5,000		10,500
販売費·一般管理費	8,000	10%削減	7,200
営業利益	-3,000		3,300
営業外収益	500		500
営業外費用	1,000	10%削減	900
経常利益	-3,500		2,900
特別利益	0		0
特別損失	500		500
税引前当期純利益	-4,000		2,400
法人税等	0		360
当期純利益	-4,000		2,040

特別利益、特別損失は予期できないため、経常利益を確保!

別損失として計上されます。不動産などの固定資産売却や株式や証券売却による売却に係る損益など、企業の経常的な事業活動とは直接関係ないものになります。

最後の「当期純利益」は法人税などの利益にかかる税金の支払いまで終えた最終的な利益のことで、企業の経営活動の成果であり、最終的に会社に残る利益です。この2点については、定常的な経営で対策が打てるものではないため、「経常利益」を改善する対策が重要になります。

ここまで順に対策を実施してきたことで、赤字企業は黒字に転換し、健全な状態になることが分かります。

このように、損益計算書の数字を追うだけで、現状課題や改善点が見えてきます。また、前期の数値と比較してみましょう。前期と収益構造がどのように変わったか分析すれば、翌期以降の収益性向上や次の施策が立てやすくなります。

さて、ここで大切なことが１つあります。それは売上ではなく「利益」を重視するということ。売上が大きくても、営業利益が少ない事業を思い切って見直す、廃業するなどの「決断」が必要です。この点はすでに**TIP12**でも説明していますが、粗利は大きくても販管費も大きい事業は会社への貢献度が低いということです。愛着のある事業だとしても、経営のＶ字回復を目指すのなら、ここは思い切ってやめて、新しい事業を構築することも考える必要があります。

TIP 29

貸借対照表で分けてみる

借方		貸方	
資産		負債	
流動資産		流動負債	
現金預金	5,000	支払手形	8,000
受取手形	3,000	買掛金	6,000
売掛金	5,000	短期借入金	3,000
有価証券	3,000	固定負債	
商品	1,000	長期借入金	20,000
固定資産		社債	20,000
土地	18,000	純資産	
建物	23,000	資本金	10,000
機械	12,000	利益剰余金	3,000
資産合計	70,000	負債･純資産合計	70,000

貸借対照表は会社の財政状態を表す

会社の財政状態を表す大切な決算書類のひとつに、貸借対照表があります。本項では、貸借対照表の見方や構造、さらに気をつけたいチェックポイントを解説したいと思います。

この表から**会社の資産をしっかり把握し、それを有効活用することで、V字回復することができます。**

貸借対照表は、一言でいうと会社の財産がどのくらいあるかがひと目でわかる表です。見ての通り、左側の借方が資産、右側の貸方が負債です。

資産は大きく分けて、「流動資産」と

「固定資産」に分類されます。流動資産は、会社が保有する資産のなかで、決算から1年以内に現金化か費用化ができるものを指し、「現金預金」「受取手形」「売掛金」などをはじめ、在庫である「商品」なども流動資産に含まれます。

特に、現金預金が少なく、売掛金や商品が多い場合は、取引先との支払いサイトの見直し、または仕入れ過ぎない、つくりすぎないような生産体制の見直しなどが必要です。

固定資産は会社が保有する資産のなかで、1年以内に現金化される予定のない資産のことで、「有形固定資産」は建物や土地などの不動産、事業で使用する「機械」なども該当し、「無形固定資産」は特許やソフトウェア、長期間保有する有価証券（株式など）などが含まれます。

製造業など固定資産が大きい業種もありますから、資産が無駄なくきちんと活用できているのかを今一度把握しましょう。また、ソフトウェアに関しても、投資しているなら、きちんと使いこなせているかといった点も見直すと、案外、不要な投資をしていたことに気づくケースもあります。

有効活用できていない固定資産を売却して、借入金の返済に充てれば、毎月の返済金を減らすことができ、資金繰りの改善につながります。ただし、売却価額によっては売却損が発生するケースがありますので、売却するタイミングには注意が必要です。

基本的に、貸借対照表は決算時に確認することが多いと思いますが、その年度の期首・期末で比較するだけではなく、過去数年分を順に並べて見比べると、会社の状況が客観的

貸借対照表と損益計算書の関連

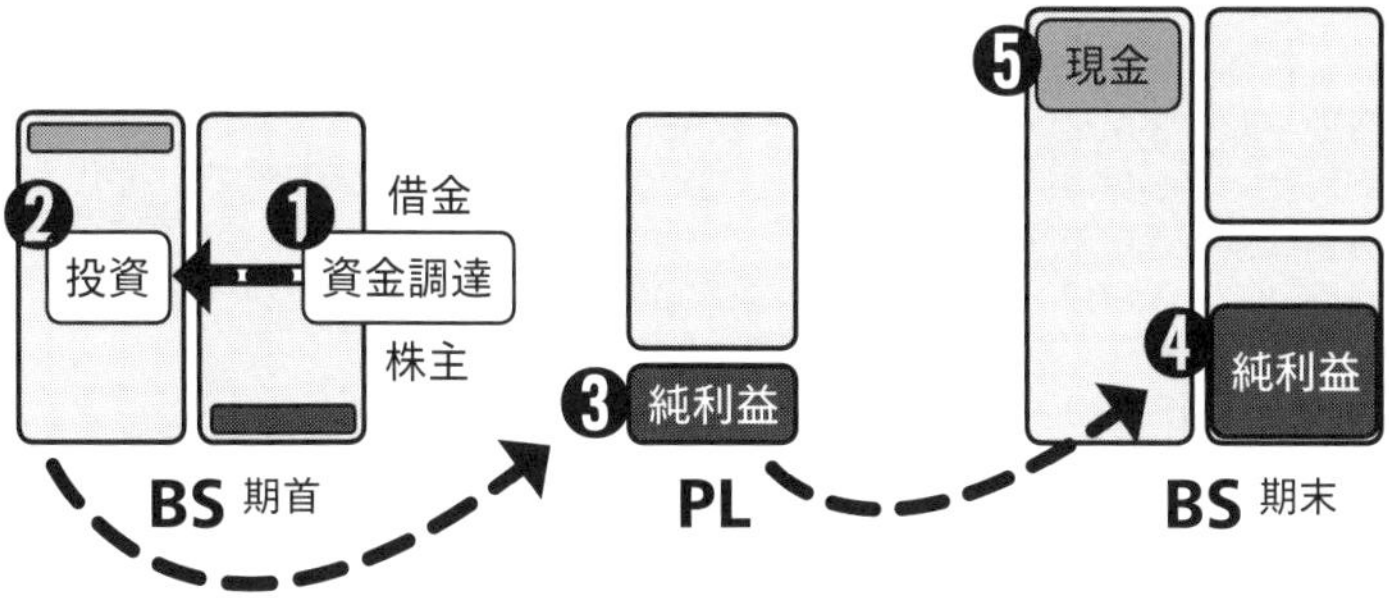

事業活動によって生まれた利益が会社を大きくする

に見えてきます。

企業が事業活動によって利益を生み出していれば、図のように現金が増え、純資産が増えることで企業が成長していきます。

しかし次のような場合はいかがでしょうか？

①借入金が増える

②①で借り入れた資金を元に商品を仕入れる、もしくは生産する

③商品が全く売れず、純利益が増えない

④⑤貸借対照表の純資産も現金も増えない

売れない商品が積み上がっても、事業活動で出ていく経費は減りませんし、借入金が増えると支払利息が増えるため、前項で説明した通り、経常利益を圧迫することになります。在庫は売上原価に計上されないため、在庫が増えても損益計算書上の利益には影響がありません。そのため、実際には赤字になっている額以上にマイナスの影響が出ていることに気づきにくいのです。

借方		貸方	
資産		負債	
流動資産		流動負債	
現金預金	5,000	支払手形	8,000
受取手形	3,000	買掛金	6,000
売掛金	5,000	短期借入金	3,000
有価証券	3,000	固定負債	
商品	1,000	長期借入金	20,000
固定資産		社債	20,000
土地	18,000	純資産	
建物	23,000	資本金	10,000
機械	12,000	利益剰余金	3,000
資産合計	70,000	負債·純資産合計	70,000

前期末のBS

短期借入 500 千円で、商品 500 千円分を仕入れた場合

借方		貸方	
資産		負債	
流動資産		流動負債	
現金預金	7,000	支払手形	8,000
受取手形	3,000	買掛金	6,000
売掛金	5,000	短期借入金	3,500
有価証券	3,000	固定負債	
商品	500	長期借入金	20,000
固定資産		社債	20,000
土地	18,000	純資産	
建物	23,000	資本金	10,000
機械	12,000	利益剰余金	4,000
資産合計	71,500	負債·純資産合計	71,500

前期の在庫含め、商品 1,000 千円分の販売により利益が確保でき、純資産増、現金預金増

今期末のBS（商品が売れた場合）

- 1,000 千円分の商品が 2,000 円で販売でき、現金預金が 5,000 → 7,000 千円
- 商品が販売され、1,500 → 500 千円
- 今期の利益が純資産に加算され、3,000 → 4,000 千円

借方		貸方	
資産		負債	
流動資産		流動負債	
現金預金	4,000	支払手形	8,000
受取手形	3,000	買掛金	6,000
売掛金	5,000	短期借入金	3,500
有価証券	3,000	固定負債	
商品	1,500	長期借入金	20,000
固定資産		社債	20,000
土地	18,000	純資産	
建物	23,000	資本金	10,000
機械	12,000	利益剰余金	2,000
資産合計	69,500	負債·純資産合計	69,500

商品が販売できず、在庫は積み上がり、赤字となり、純資産減、現金預金減

今期末のBS（商品が売れなかった場合）

- 商品は売れず、かかった経費などにより現金預金が 5,000 → 4,000 千円
- 商品が販売されず、1,500 千円のまま
- 今期の赤字が純資産から減算され、3,000 → 2,000 千円

実際、私がサポートする企業では、貸借対照表から在庫管理が不十分であることが発覚し、経営の立て直しを図れた例もあります。

具体的には、在庫管理がきちんとできるよう生産管理システムを導入したことで、在庫を把握することができたため、適正在庫となり、資金繰りを改善できたのです。

【事例】製造業　ベアリング製作・加工業

オリジナリティ豊かなベアリング製作を行うある企業では、数百種類の原材料の在庫管理に四苦八苦している状況でした。増加した取引先に対して、これまでは人手に頼った在庫管理を行っていたものの、すでに限界を迎えていました。そこで、新たな生産管理システムを導入し、担当者の経験に頼った在庫管理を撤廃。特に、生産作業の日報データと在庫管理を連携することで、有効在庫の算出が可能となったことから、経営状態もより好転しています。ミスの減少や商品の流れを把握できるなど、システム導入によって経営体制を見直すきっかけにもつながっています。

また、定常的に資金繰りに困っている企業というのは、手元にキャッシュが少なく、かつ出ていくお金が膨れ上がっている状態です。そのため、資産の部（貸借対照表の左側）の売掛金や原材料、仕掛品を減らすことはできないか、土地・建物・有価証券等の資産で現金化できるものはないか……そういった点にまずは取り組み、現金を増やしたうえで借入金を減らす。これにより、貸借対照表が圧縮されますが、月々のキャッシュアウトが減るため、事業の核がそのままであれば、これまでと同等の売上・利益で立て直しが可能になります。

他にも、中小企業の場合、借入を役員から行うというケースがあるかと思います。その際、貸借対照表上は銀行の融資と合わせて記載しますが、本当に資金繰りに困ってきた場合は、役員借入金は返済する時期が自由で利息の支払いも気にする必要がありませんから、役員からの借入金は抜いた、裏の貸借対照表を持っておくと良いでしょう。

TIP 30

「無駄会議の合計時間」が負債額に比例する

社員数名の小さな会社であれば、会議をしなくても意思の疎通が図れたり、指示に従って事業を円滑に進めたりすることが可能です。

しかし、**会社が大きくなり、社員数も増えると、会議の必要性が増し、その回数も人数や事業数に比例して増えていきます。**

そうした中、ルールを決めずに会議を行うと、会議の目的が共有されなかったり、無駄が生じたりすることで、その時間とお金が損失になります。

そんな実情を調査したデータもあります。

パーソル総合研究所の調査によると、１５００人規模の企業においては、ムダな社内会議時間は年間9万２０００時間（約46人分の年間労働時間に相当）あり、企業の損失額は年間約２億円になります。

１万人規模の企業においては、ムダな社内会議時間は年間約67万時間（約３３２人分の年間労働時間に相当）、企業の損失額（ムダに費やしている人件費）は年間約15億円もの規

社内会議・打ち合わせ所要時間

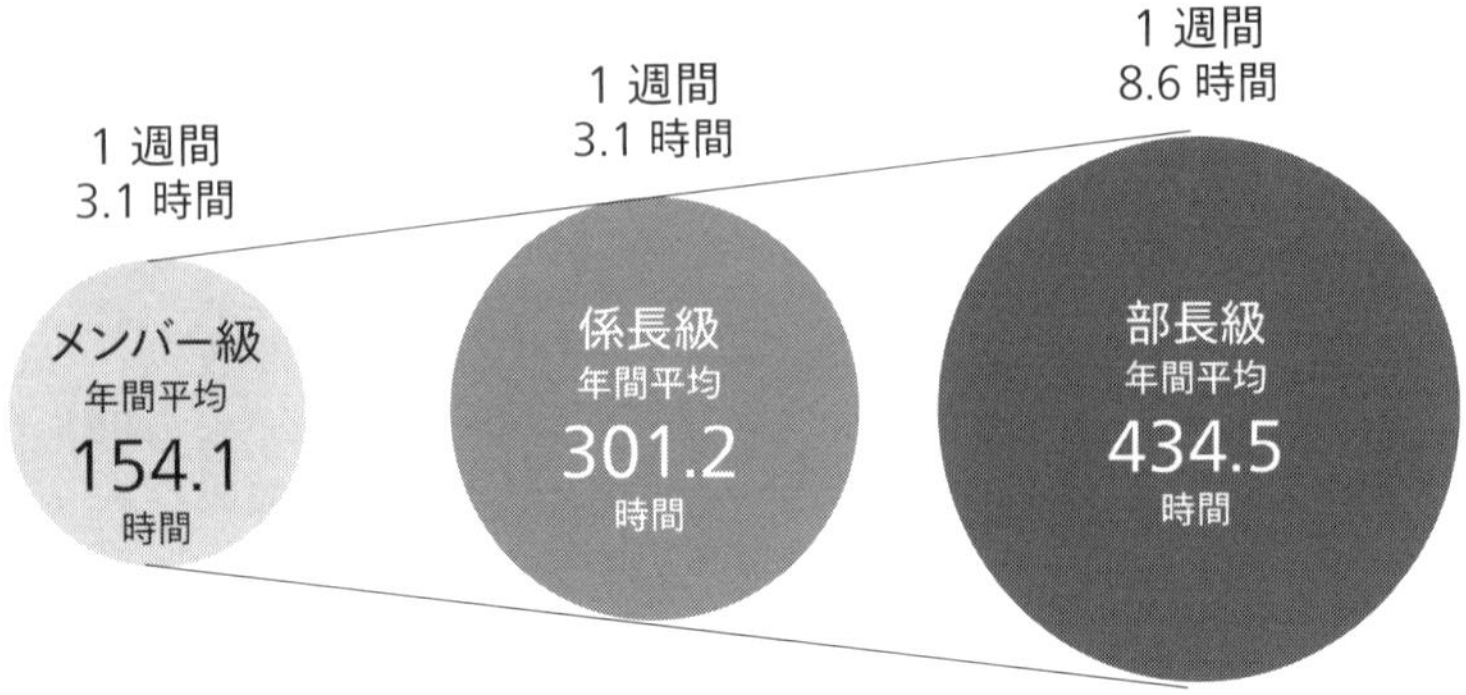

会社全体の年間会議時間	ムダだと思われている年間の会議時間	ムダ会議に費やしている年間総人件費
例:企業規模1,500人	例:企業規模1,500人	例:企業規模1,500人
417,600 時間	91,900 時間	20,830 万円
例:企業規模10,000人	例:企業規模10,000人	例:企業規模10,000人
2,351,000 時間	669,100 時間	152,740 万円

1,500人規模のムダ会議の損失　約2億円/年
1万人規模のムダ会議の損失　約15億円/年と
7.5倍で従業員比と同等!

(参照)「ムダな会議」による企業の損失は年間15億円、パーソル総合研究所
https://www.itmedia.co.jp/business/articles/1901/31/news026.html

模にのぼり、その比率は社員の人数におおよそ比例する計算です。

すなわち、規模が大きくなるほど無駄な会議が増えているのです。

では、ここでいう「無駄な会議」とはどのような会議を指すのか？

私が思うに、「決めた設定時間に終わらない」、「何も決まらずに会議が終わる」、「後味を悪くするような終わり方を迎える」といった3つが、無駄な会議に当てはまるのではないかと感じます。

会議とは本来、設定した時間通りに執り行われ、司会者など進行係がその場を仕切り、滞りなく会議を進め、決定事項を決めていくというもの。次に示す進め方を意識して運営することで、無駄な会議は減るでしょう。


【有効的な会議の進め方】


事前に議題（アジェンダ）を共有し、目的と話す内容を厳選し、必要な人だけを会議に招集します。

会議開始後は、司会進行役（ファシリテータ）が時間内に終わるようしっかり会議をコントロールすれば、だいたい有効的な会議になります。

中には、自分の主張ばかりする、権力者の強い意見に周りが流されてしまう、感情的な言い合いになるなど、議論が進まない場合がありますが、ファシリテータが中立的な立場で権限を持ち、参加者の意見を深めるような投げかけや参加者にない視点で提案するなど、対話が深化する場をつくることが必要です。

また、議案によって意見がまとまらず決定すべき事項が決まらない場合もあるかと思いますが、時間内で決まらない場合は次の会を設定し、それまでに建設的な話し合いができるよう準備をしてあらためて集まる方が望ましいでしょう。

ここで、有名企業で実施されている会議効率化の事例を紹介します。

【事例】Google

・できるだけ参加人数を少なくする
・意思決定を会議まで待たない（議論が必要な時点で速やかに会議を設定）
・会議の「意思決定者」を指名する
・データに基づいて議論する
・5分・10分単位の会議時間を設定する

【事例】Apple

・できるだけ参加人数を少なくする
・参加する理由のあるメンバーのみを参加させる

・決定事項には必ず「責任者」を指名する
・課題に徹底的に向き合わせる

現在、コロナ禍により会議もオンラインで行う会社が増えていますが、手軽に開催できるゆえに会議の頻度が増えているケースもあります。

参加しなくてもいい会議に参加していたり、無駄な会議になっていたりする可能性も考慮して、この機会にぜひ見つめ直してみると良いかもしれません。

TIP 31

移動時間リストラ・キャンペーンで出費は激減

新型コロナウイルス感染症の影響で、ウェブ会議ツールなどオンラインでのコミュニケーションが当たり前の時代となりました。

企業でも、PC操作が苦手でオンラインでのコミュニケーションを避けてきた年配の方や、「営業は会ってなんぼ」という考えの方々にもオンラインが浸透した結果、交通費の削減や移動時間の短縮といったメリットがもたらされるようになったのです。

2019年にHubSpot Japan株式会社が日本の営業組織に対して実施した意識・実態調査「営業担当者に自社を訪問してほしいと考える一番の理由」によれば、当時は、対面での営業を望む声の上位に「誠意」や「安心感」というキーワードがあがっていました。

それから1年で、世の中の状況が大きく変わったことは言うまでもありません。コロナ禍により、多くの企業でオンラインツールを活用するようになり、会議はもちろん、営業でも非訪問型のスタイルが主流となりました。

同調査によると、商談成約率については、非訪問型の営業を導入している企業が39・6%

に対し、訪問型の営業を導入している企業は41・6％と、わずか2％の違いしかなく、対面とオンラインの営業では、その成約率に大きな変化はなかったのです。

すなわち、これまでは**対面の方が相手にも伝わりやすいという思い込みがあっただけで、必ずしも商談の成約につながるわけではない**ということが見えてきたのです。

とはいえ、「安心感」や「伝わりやすさ」は断然、対面ですから、「現物を見せた方がまとまりやすい」「相手との細かい駆け引きが必要」「相手の温度感や反応をつかみたい」など、それだけの労力とコストを費やしても対面の方がメリットがあるケースもあるため、判断基準を明確にした方が良いでしょう。

例えば1時間の商談に、往復2時間かけていたら、3倍の時間がかかる計算になります。加えて、交通費もかかります。オンラインの方が、コストメリットがあるのは明確ですし、「緊急事態宣言」や「まん延防止等重点措置」などによって他県への移動が制限された過去の経験を活かし、いつ何が起きても対応できるよう、オンライン体制を整えておくことは重要です。

移動時間を削減する分、新たな営業スタイルを確立するための時間に割くというのも良いですし、お客様にも新たな体制に慣れていただくための準備期間が必要でしょう。

【事例】クリエイティブ制作事業　未来電子テクノロジー株式会社

（参照）「【事例から学ぶ】オンライン商談の活用メリットと４つの注意点とは?」株式会社ブイキューブ
https://www.nice2meet.us/online-negotiations-case-study

未来電子テクノロジーは、以前から「訪問は社内からドアツードアで１時間以内」というルールのもとに営業活動を行っていました。しかし、この社内ルールから実際に訪問に行ける客先が近場に限定される他、営業担当者が１日に訪問できる顧客数にも限りがありました。

そこで顧客の全国拡大と営業工数削減を目的に、オンライン商談用のＷｅｂ会議システムを導入。商談件数だけでなく、成約率も大幅アップしました。

■訪問営業時に抱えていた課題

・訪問前提のため、見込み客は会社周辺に限定される
・移動時間がネックとなり、１日の訪問件数に制約がある
・担当者が営業フローの全行程を行うと非効率になる

■オンライン商談用のＷｅｂ会議システム導入による成果

・訪問いらずの商談で見込み客が北は北海道から南は九州まで拡大
・双方の商談へのハードルが下がり、商談件数は以前の10倍に増加
・オンライン商談で業務の分担・効率化が可能となり成約率は３倍アップ

多くの企業がコロナ禍によりこのような営業スタイル変革を余儀なくされましたが、本来ならばコロナに関係なく取り入れておくべきことであったことはいうまでもありません。今後、コロナが収束しても、ライフスタイル然り、営業スタイルが元に戻ることは恐らくありません。だからこそ、早めのうちに対応しておくことが、会社の未来にもつながるのです。

TIP 32

正社員の仕事、契約社員の仕事、バイトの仕事

PHASE 3では、主に自社の仕事について細分化してきました。そこで本項では、その細分化された仕事を誰が行うのかという点にフォーカスし解説したいと思います。

同じ仕事だからと、「誰がやっても同じ」ということはありません。

どういうことかと言うと、正社員の管理職が単純なルーティンワークを一生懸命行ったり、アルバイトやパートが正社員を教育することもありますが、理想的な組織を考えるとおかしな話です。

そこでまずは、会社から見た、正社員と非正規社員（契約社員、嘱託、パート、アルバイト等）の雇用に関するメリット・デメリットを次ページの表にまとめてみました。

いかがでしょうか？

正社員の最大のメリットは、長く雇うことで育てることができ、将来的に会社を支える人財に成長してもらえることです。そのためにも責任のある仕事を任せ、将来の幹部候補になる意識で、モチベーションを高く持ってもらうことが重要です。

	メリット	**デメリット**
正社員	・長く雇うことで人財を育てることができる ・時間給でないので、仕事が終わるまで働いてもらうことができる ・責任をもって働いてくれる ・全国転勤や出向命令を出せる ・将来の幹部を育てることで会社を長く続けることができる ・独立社員を輩出することがステータスになる場合がある ・顧客・消費者から社会的信用が生まれる ・中途採用で即戦力を得やすい	・仕事ができない人でも簡単に雇用解消はできない ・勤務地手当の支払いが必要となる ・インセンティブでモチベーションアップが必要 ・人件費が高くなる ・社会保険・福利厚生にもお金がかかる ・採用費・研修費など育成に費用がかかる
非正規社員	・契約満期で雇用関係を解消できる ・正社員より安い賃金で雇える ・必要な時間だけ（短時間）働いてもらうことができる ・シフトの調整で人件費を比較的容易に調整できる ・派遣社員の場合、トラブルは派遣会社側の責任となる	・大変な仕事の場合は人手不足が深刻 ・人財の流出が防げない ・バイトの都合でシフトが乱れることがある ・最低賃金の上昇が経営を圧迫する可能性がある ・バイトの教育・管理が難しい

正社員の場合、簡単に雇用関係を解消することはできませんから、採用する時点でしっかりその人を見極め、活躍してくれる人材を雇わなければならないのです。

また、社会保険料や福利厚生費といったコストが固定費としてかかることは会社として大きな負担であることを考慮する必要があります。

一方、非正規社員のメリットは、事業の状況に応じて必要な期間で雇用できること、多くの場合正社員より安い賃金で雇用できることなどがあげられます。

ただ、有期契約なので、いずれいなくなることを前提としなければなりません。その前提で非正規社員にはどのような仕事を任せればいいのか、自社の業務の状況から必要な人数と期間を判断する必要があります。

会社としては、正社員にはモチベーションを上げて成長できる環境を準備しながら長期間勤めてもらうのがベストで、非正規社員には決められた期間でしっかりと結果が出る仕事を割り当てることが重要です。

例えば、社員のモチベーションを維持させる方法として、「近い未来、新たなプロジェクトの立ち上げを任せたい」、「将来的にはこういったポジションを任せたい」といったことを明確に伝えるのはかなり有効です。組織内の良いポジションが約束されていると思うだけで、社員のモチベーションは大きく変わるでしょう。

逆に言えば、正社員に非正規社員でもできる仕事をさせてしまっている限りは、彼らのモチベーションが上がることはないでしょう。

事業を推進するうえで人は必要ですが、人件費は大きな負担になります。そこを臨機応変にコントロールできる方が経営はしやすいですが、経営者はその場だけを見て判断するのでなく、将来のビジョンを描くことや、それに伴うリスクも考慮して、自社の体制を決めることが大切です。

例えば、多くの飲食店では、店長やマネージャーが正社員で、あとのスタッフはアルバイトという体制でお店を回しています。店長は、「お金の管理」、「食材の管理」、「スタッフの管理」など総合的なスキルが求められます。スタッフは、ホールスタッフ、調理スタッフなど業務が定型的なため、経験がなくてもしっかり教育して手順を覚えれば仕事を回すことができます。

建築現場では、現場監督は正社員であることが多く、主な仕事は、「工程管理」、「安全管理」、「原価管理」になります。現場の作業は工程ごとに専門的なスキルが必要となりますから、「大工」「鳶」「左官」「土木作業員」などの職人が、現場監督の指示のもと作業します。職人は日雇いで働いてもらうといったケースも多く見受けられます。

ＩＴ企業のシステム開発の現場では、現場監督にあたるプロジェクトマネージャー（ＰＭ）は自社の正社員で、その他のプロジェクトメンバーは社外も含めてさまざまな人員で構成されます。ＰＭは「スケジュール管理」、「コスト管理」、「品質管理」「人的資源管理」「リスク管理」などの様々な管理業務を担います。プロジェクトメンバーはＰＭの指揮の下、各開発工程の作業を実施します。システム開発の現場も建築現場と似ているところがあり、工程ごとに専門的なスキルが必要な場合は専門家を招集して成果物を作成します。例えば設計工程では設計書を、開発工程ではサーバーやネットワークの構築・プログラミングなど、テスト工程ではさまざまなテストを実施して結果報告書を提出するといった流れとなります。

このように、どの企業・職種でも、役割や必要なスキルによって、適所適材で分担して１つの仕事を遂行しているのです。

中小企業は自社のリソースが限られることや、大きなコストをかけられないことから、正社員だけで１つの仕事を成し遂げ、かつ他社との競争に勝つのは難しいです。そのため、非正規社員が活躍できる環境をいかに作り上げるかがポイントになります。今は正社員が行っている作業でも、仕組み化することや、マニュアル化することで誰でも実施できるようになれば、非正規社員が活躍できます。例に挙げたような飲食店、建築現場、システム開発、いずれも出来上がったものの品質が求められますが、品質確保のためには正社員のスキルはもとより、いかにルールをしっかり作り、定型的な作業をマニュアル化するかにかかってきます。

TIP 33

マニュアルがあるだけで生産性が倍増！

マニュアルがあれば、仕事の生産性が上がります。

しかし、私がサポートする会社でマニュアル作りを提案すると、稀に「忙しすぎてそんな時間もお金もない」と忙しいことを言い訳にしたり、「マニュアルがあると従業員はそれしかやらなくなる」と決めつけたり、「うちはマニュアルを必要とするほど複雑な仕事はない」とマニュアル作りは不要だという会社があります。

そういうときは、なぜマニュアルが必要かという点からお話ししています。

マニュアルには、主に5つの役割があります。

1. 業務の標準化

2. 業務経験のない社員でも仕事を覚えられる

3. 先輩社員の教育時間を減らせる

4. 業務マニュアルによって評価しやすくなる

5. 一連の教育システムが完成する

本書をこれまで読み進めてきた方は、自社の業務の洗い出しがある程度できている状態ではないかと思います。

1つ目の業務の標準化とは、仕事の進め方について、繰り返し実施するために定めた取り決めのことです。洗い出した仕事について「いつ」「誰が」「何を」「どのように」「どうする」という手順、「なぜそれをするのか」という目的、「どこまでできればOKか」という基準を示すことが重要です。これにより、人によって仕事のやり方が違っている、場当たり的な行動をしている、特定の人に仕事が集中している、といった仕事のムリ・ムダ・ムラが見えてきます。特にルーティンワークを業務マニュアルとして標準化することは効果的です。

2つ目については、業務マニュアルを導入することで、誰でも同品質の業務を遂行できるようにするための行動指示書が提供できます。これにより、経験の浅い社員や契約社員、アルバイトなども含めて、ある程度仕事をこなしたり、短期間で業務の全体像をつかむことができます。中小企業の多くは、日々の業務に追われて、社員教育に十分な時間を取ることが難しいため、即戦力の人材確保を期待しますが、そのような人材の採用は簡単ではありません。マニュアルの活用によって、ルーティンワークを標準化できれば、非正規社員に業務を任せることができ人件費の適正化が図れます。

３つ目は、先輩社員の教育時間の軽減です。２つ目とも少し似ていますが、これまで付きっきりで教えなければならなかったことが、マニュアルの作成によりポイントだけを押さえる教育で済めば、かなりの時間削減が実現します。また、先輩社員が業務マニュアルを把握していれば、後輩社員からの質問に対して、真剣に答えなければいけないことなのか、業務マニュアルに書いてあると指示を出すだけなのかで、先輩社員の時間効率が大きく変わります。その結果、社内の生産性が上がることとなります。

４つ目については、社員の成績を業務の遂行能力によって評価しようと思っても、評価基準がなければ測ることができませんが、業務マニュアル自身を評価基準のベースとすることで評価がしやすくなります。基準となる成果が「見える化」されれば、仮に社員から「なぜＡさんより私の評価が低いのですか」などと問われても、評価基準を明確に答えることができるようになります。評価される側の社員にとっても、目指す方向性や基準が明確になれば「次はここまでできるように頑張ろう」と目標が立てやすくなり、モチベーションの向上につながります。５つ目の役割でも記した通り、マニュアルそのものが一連の教育システムとなり、大きなメリットがもたらされるのです。

マニュアルの役割と位置づけをしっかり理解すれば、最初は反対していた会社でも、お金と時間をかけて作成する価値があるものだと理解します。

マニュアルがあると、人の感情による判断、場当たり的な対応が少なくなるため、結果的にムダ、ムリ、ムラが減ることで、質と速度が各段に上がります。

言うならば、マニュアルは事業を大きくするための要です。

あの世界一のビジネスモデルとされるマクドナルドやケンタッキーフライドチキンも、「絶対に売上が上がる」という確信の元、マニュアル化したビジネスモデルとして、新しいフランチャイズシステムを構築したことによって、世界中に展開し大成功を収めました。

新しい事業を生み出すときにマニュアル化はできなくても、既に生み出されて繰り返し行われる作業であれば、すべてマニュアル化した方が良いのです。

企業を上場させる場合も、内部統制の整備や管理部門の強化など、人と制度を準備する必要がありますから、業務フローを見直す意味でもマニュアル化は必須です。マニュアルなくして企業の成長や社会貢献はないと言っても過言ではありません。

TIP 34

もっと小さなまとまりにならないか？

仕事とは、多くの場合、そのプロセスについては自分で考えなくてはいけません。プロセスをきちんと洗い出すことで、何から手を付けるべきかがよく分かります。企業であれば、従業員の仕事のプロセスといった部分にも目を向けていかなければ、最終的なクオリティに影響するのはもちろん、評価をすることもできません。

ですから、企業ではプロセスに対して目を向けるためにも、仕事を細分化して、小さなまとまりの単位で管理することをおすすめします。その分解方法（区切り方）を、次のようにまとめてみました。

1　目的やゴールで区切る

例えば、システム開発なら最終的な成果物はシステムですが、次に例示するような書類を作成するといったように、各工程で完成させるもの（ゴール）を定義して、これらを順に完成させていくことで最終的にひとつのシステムを作り上げます。

【システム開発で必要となる成果物（書類）の例】

・要件定義書
・基本設計書
・詳細設計書
・単体テスト結果報告書
・結合テスト結果報告書
・システムテスト結果報告書
・運用テスト結果報告書

2　範囲で区切る

目的を達成するために、何をどこまでやるかについてできるだけ小さく分けます。
例えば、製造業のライン作業などは、次のように工程を分け、作業範囲を区切り人員を配置します。すべての作業を実施することで、成果物を完成させます。

【商品を加工してお客様に発送する作業の例】

①箱の組み立て
②商品Aを加工する
③箱に商品Aを入れる
④箱に商品Bを入れる　※商品Bは完成品
⑤箱を閉める
⑥梱包する

3　作業項目で区切る

仕事として達成する大きな目標がある上で、実施する作業項目をできるだけ小さく分け、日々の小さな目標として、遂行する意識が持てるような区切りを設定します。

例えば、「プレゼン資料を作成する」というのは1つの作業かもしれませんが、作成までのタスクを細分化すると次のようなことが考えられます。

①情報の分析
②目次の作成

③資料作成
④レビュー
⑤加筆修正
⑥レビューと加筆修正を完成まで繰り返す

4 時間軸で区切る

ゴールまでの時間軸において、作業項目ごとに期日を定め、マイルストーン（中間目標地点）をできるだけ小さく分けます。

例えば、システム開発手法のひとつで、現在主流となっているアジャイル開発という手法があります。アジャイル開発のプロジェクト管理で中心的な概念に、「スプリント」があります。アジャイル開発では顧客が要望するシステムに実装すべき機能をいくつかの段階に分け、優先度の高い順に反復して開発することが特徴です。

この反復の単位を「スプリント」と呼び、1週間から1カ月前後を基準として、時間軸を区切ります。

これには、次のような効果が期待できます。

・常に日々のミーティングで仕事の方向性を確認・修正しているため、進捗状況を正確に把握できチームのタスクをスケジュール通りに進めやすい。

・スプリントは期間が短めで成果物はスプリントの度にフィードバックを受けるため、仕様変更に対応しやすい。

・各開発チーム・メンバーが開発できる量をスプリントごとに確認しているため、次回以降のスプリントでより正確にスケジュールの見積もりを行うことができる。また、開発チーム・メンバーの能力を把握することで生産性も改善しやすい。

5　緊急度×重要度で区切る

業務の性格に応じて、次ページの図のようにタスクを分けます。

それぞれの領域のタスクとしては、例えば次のようなものがあります。

（Ａ）明日開催の社運をかけたコンペのためのプレゼン資料作成
（Ｂ）長期的な戦略策定、能力向上のための研修
（Ｃ）日々の上長への作業報告
（Ｄ）自分の机上や引き出しの整理

B	A
重要度が高いが、緊急度が低いタスク	重要度が高く、緊急度も高いタスク
D	**C**
重要度も緊急度も低いタスク	緊急度が高いが、重要度が低いタスク

（A）や（C）に追われると肉体的・精神的に疲弊して、（D）に逃げ込んでしまい、結果的に目の前の仕事に追われている状況になります。それに対し、（B）に入るタスクは望む結果を得るために重要な活動（最優先事項）であり、自分の人生で大切にしたいことばかりです。しかし同時に、ほとんどが「今日やらなくても困らない（納期がない）」タスクでもあります。私たちは「納期があるタスク」を優先してしまう傾向があるため、納期がない（B）の活動をつい後回しにしてしまいがちです。（B）の活動はすぐに効果を得られるものではないことも多いですが、根本的な問題解決や環境整備であることが多く、（A）のタスクを減らす効果がありますから、ひとりで抱え込まずに組織で共有して、しっかり取り組んでいく必要があります。

これらを実践することで得られるのは、評価の基軸です。

いつ、誰が、何をするか、といったことが明確化されることで、きちんと実行できているかが一目瞭然になります。

仕事を分解して、小さな仕事に分ければ、どのようなレベルの社員に対しても、任せられる仕事を用意することができるようになります。つまり、仕事が難しくても、社員の能力に合わせた仕事を用意することは不可能ではないということです。そして、能力に見合った仕事に対して評価が可能となります。

本項では仕事を小さなまとまりで分けて業務改善する事例を紹介します。

【事例】アパレル業洋服をＯＥＭ生産する企業での作業の区切りと評価

アパレル業界におけるＯＥＭ（「Original Equipment Manufacturing」の頭文字をとって略したもの）とは、製造者が依頼相手であるアパレル企業のために、製品を代わりに作って届けることです。１つの洋服を作るには、デザイナーのデザイン画、パタンナーによるサンプルの作成、生地などの調達、布の裁断などの細かい工程があり、作業する人も工程ごとに異なります。

アパレル企業から正式に受注して量産するまでには、展示会などを活用した商談をするケースが多くあります。展示会ではさまざまなサンプルの準備が必要になり、大量消費の時代が終わった昨今では、サンプル作成の時間やコストは中小企業にとっては大きな負担

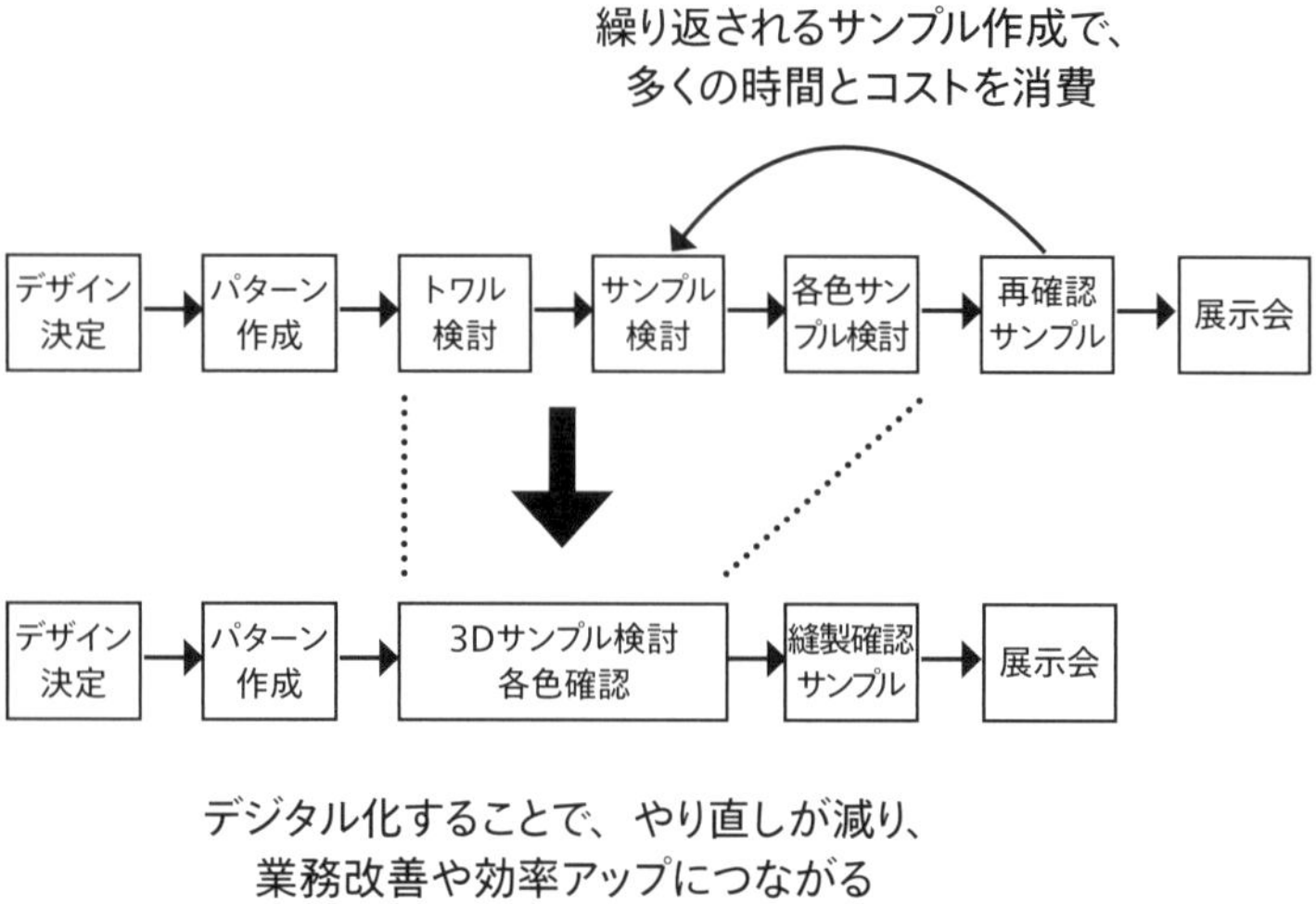

となっています。最近では技術も進化し、3Dシミュレーションソフトでアバターにサンプルの洋服を試着させ、時間とコストを削減する取り組みも導入され始めています。

このように自社の業務を小さなまとまりで考えていき、自社の社員で最適な人材に任せていくことができれば、モチベーションを高く保つことができ、生産性の向上につながります。また、自社の人材では難しい場合や、コストがかかりすぎるような場合は、外注に任せる、システム化を検討するなどして、将来的に利益を確保できる体制を目指しましょう。

PHASE 4

しまう

AIとITシステムで自動処理！

PHASE 3で自社の仕事の内容を分析してきました。

最後に自社の仕事を誰がやるべきかを考えていきましょう。

この章では、人だけでなくシステムやロボットも含め、仕事を効率的に進めるための考え方を説明していきます。

TIP 35

最小の労力で最大の利益を出す三種の神器

第4次産業革命における三種の神器をご存じでしょうか。

第4次産業革命とは「**IoT（Internet of Things：モノのインターネット）**」、「**ビッグデータ**」、「**AI（Artificial Intelligence：人工知能）**」を使うことにより起こる製造業のイノベーションのことを指します。

これまでに次の3つの産業革命が起こっています。

①第1次産業革命
　蒸気機関により工業化が進み、もの作りが、人の手から機械へと移転

②第2次産業革命
　電気・石油エネルギーを活用した重工業が発展し、輸送手段が変革

③第3次産業革命
　コンピュータとインターネットの普及により、工場生産にもコンピュータを利用することで、効率的に大量生産

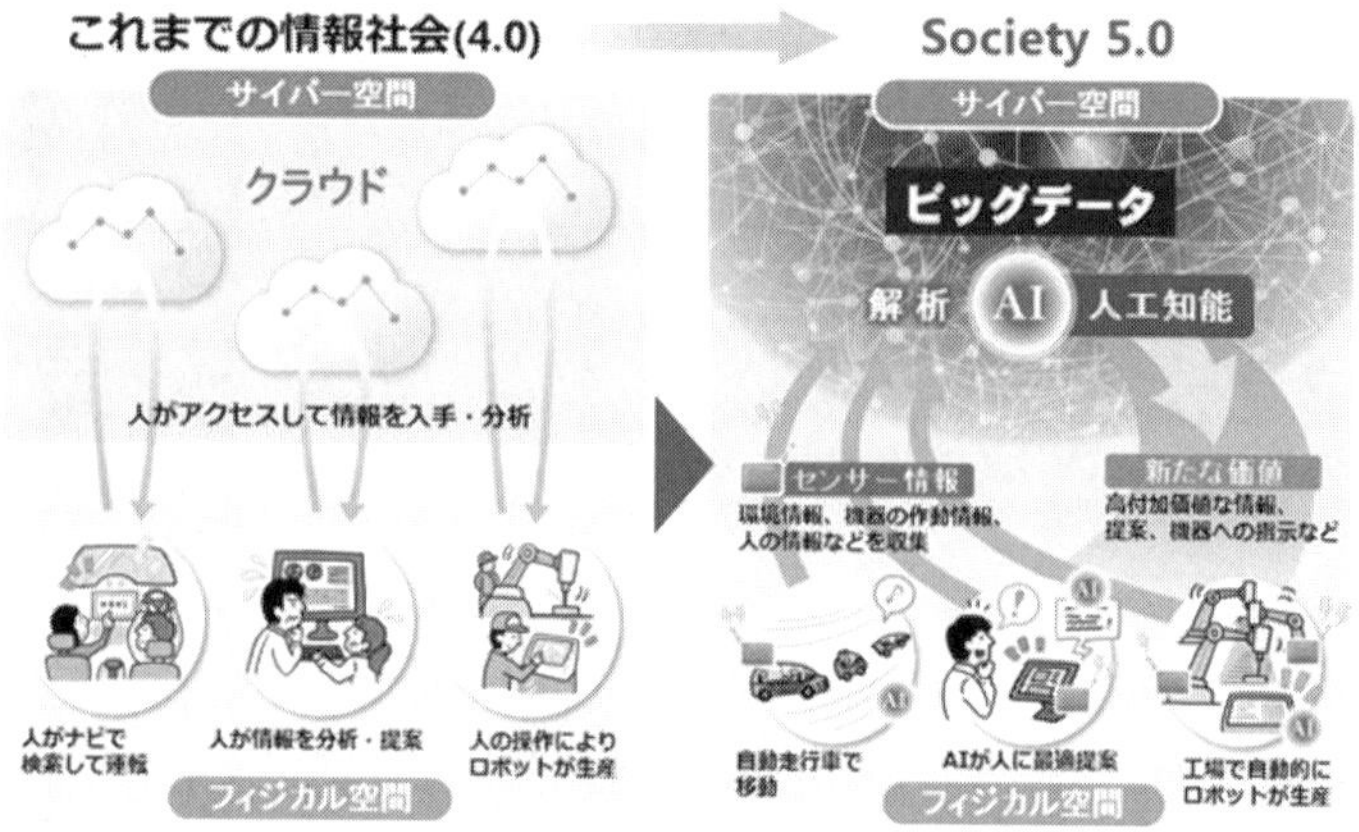

（出典）内閣府ホームページSociety 5.0「Society 5.0のしくみ」
（https://www8.cao.go.jp/cstp/society5_0/）

人手による情報の入手・分析から、
自動収集されたビッグデータをAIが解析する時代に!

そして、これらの、「ＩｏＴ」、「ビッグデータ」、「ＡＩ」の技術革新に着目して、日本政府が策定した第５期科学技術基本計画で提唱されている社会システムのことを「Society 5.0（ソサエティ５・０）」と言います。これまで人手をかけて情報収集したり、コストをかけて解析することで価値を生み出してきましたが、Society 5.0では、膨大なビッグデータを人間の能力を超えたＡＩが解析し、その結果がロボットなどを通して人間にフィードバックされることで、これまでには出来なかった新たな価値が産業や社会にもたらされることになります。

本項では、ＩｏＴ、ビッグデータ、ＡＩについて解説すると共に、実際に企業でも取り入れ、利益につながった導入事例を紹介したいと思います。

「ＩｏＴ」は「モノのインターネット」とも言われ、あらゆる「モノ」がインターネットに接続されることで、人々の生活にさまざまな利便性をもたらすことを意味します。

スマートフォンもＩｏＴ機器の１つですし、冷蔵庫や洗濯機、テレビやエアコンなど、あらゆる家電がインターネットに接続されるようになってきており、スマートフォンで操作することが可能です。このように家電を中心にＩｏＴ化の波が押し寄せていますが、家電だけではなく、企業でも、工場設備にセンサーを付けて自動でデータを収集し、分析するといったことも行われています。

「ビッグデータ」とは、前述したＩｏＴ機器の登場やパソコン・スマホの処理速度の向上、ＳＮＳの普及などに伴って、蓄積することが容易となった「事業に役立つ知見を導出するための巨大で複雑なデジタルデータ」のことです。単に巨大であるだけでなく、文字・音声・写真・動画など様々な形を持った非定型のデータで、リアルタイムで生成されることが特徴です。例えば、購入履歴や検索情報を基にAmazonや楽天などのＥＣサイトで表示されるおすすめ商品などは、これらの身近な活用事例の１つといえます。

「ＡＩ」とは、人間と同様の知能をコンピュータ上などで人工的に実現させようという試み、あるいはそのための一連の基礎技術を指します。２０１６年3月、Googleの人工知能「アルファ碁（AlphaGo）」が史上初めて囲碁の世界王者に勝ち越すという歴史的な出来事が起こりました。私達の予想をはるかに上回るスピードで進化したＡＩは、こうした象徴的な成果も追い風となって、２０１０年代後半から、３度目のブームのさなかにあります。

現代のＡＩブームはビッグデータが牽引しており、そのビッグデータはＩｏＴによって生み出されています。つまり、現代の三種の神器である「ＩｏＴ×ビッグデータ×ＡＩ」の相乗効果により、第4次産業革命を推進していると言えます。

データの活用に関しては、ＰＯＳやｅコマースによる「販売記録データ」、各種ログやＳＮＳなどから自動取得できるデータの活用が大きく進んでいます。また、これらのデータを企業規模別でみると、中小企業での活用はまだまだ進んでいない状況がわかります。

だからこそ、中小企業でもこのような技術を活用できれば、生産性を飛躍的に向上させ、最大の利益を生み出すこともできるようになります。

「デジタルデータの経済的価値の計測と活用の現状に関する調査研究の請負報告書　総務省　２０２０年3月」によると、「データ分析人材の採用」「データ分析を専門とする組織の設置」「データ分析に基づいた経営判断の実施」「データ活用戦略の策定」など、データに基づく経営が営業利益増加につながるにもかかわらずそれほど実施できていないことがわかります。また「人工知能（ＡＩ）を活用した予測」などは10％程度しか実施できていないことがわかりました。

言い換えれば、人工知能（ＡＩ）を活用した予測などが行えるようになれば、営業利益を生みやすい企業へ変われるということです。

では、企業ではどのように導入し、活用すると利益を生むことができるのか。

分析に活用しているデータ

「販売記録」データや「自動取得」データの活用が進む

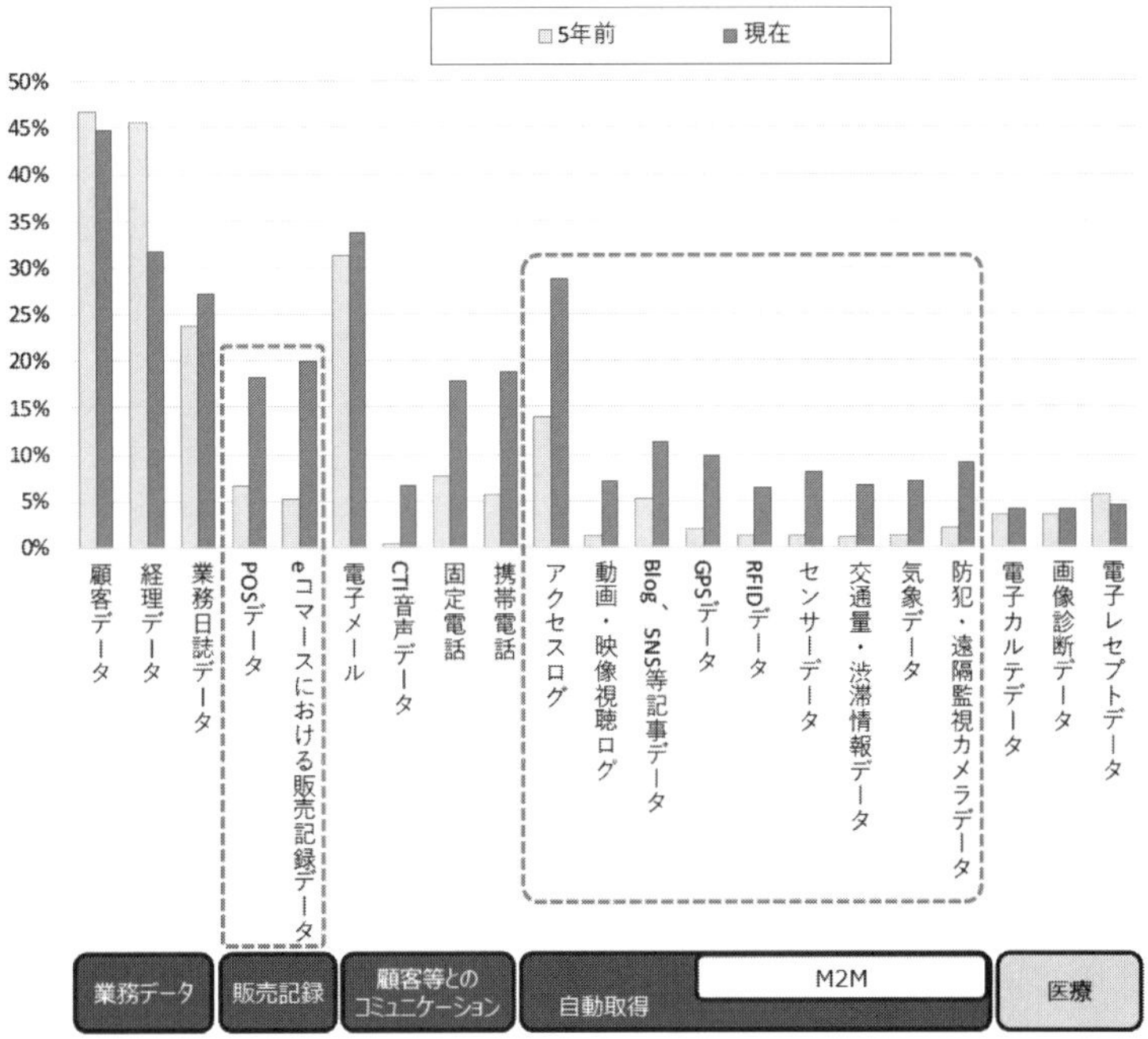

※M2M（Machine to Machine）：モノ同士が互いに通信を行い、機器の操作や制御、データの交換などを自動で行う技術

（出典）デジタルデータの経済的価値の計測と活用の現状に関する調査研究の請負報告書　総務省　2020年3月
https://www.soumu.go.jp/johotsusintokei/linkdata/r02_05_houkoku.pdf

分析に活用しているデータ（企業規模別）

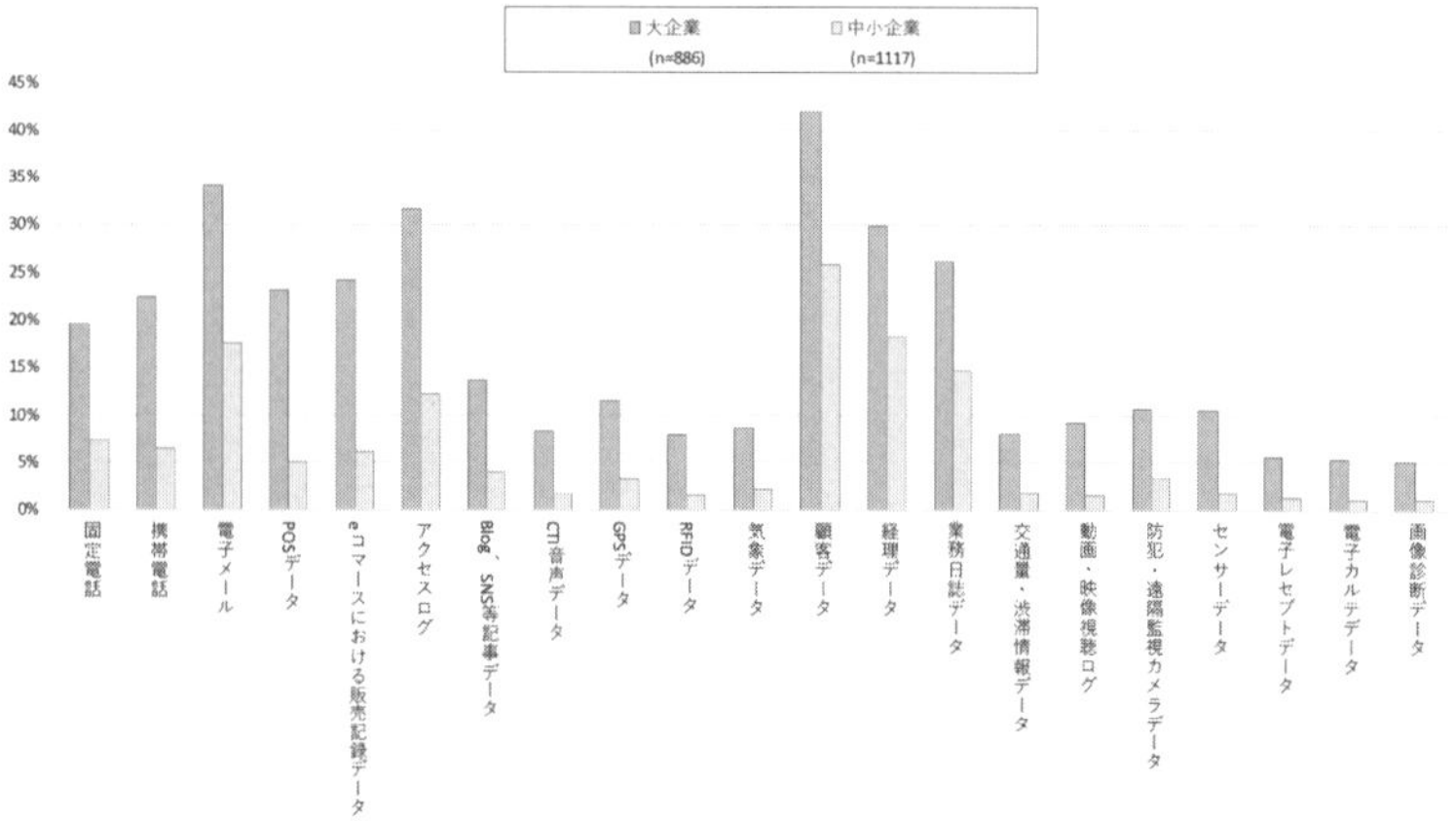

データ活用が企業活動に与える影響をポートフォリオ分析した結果

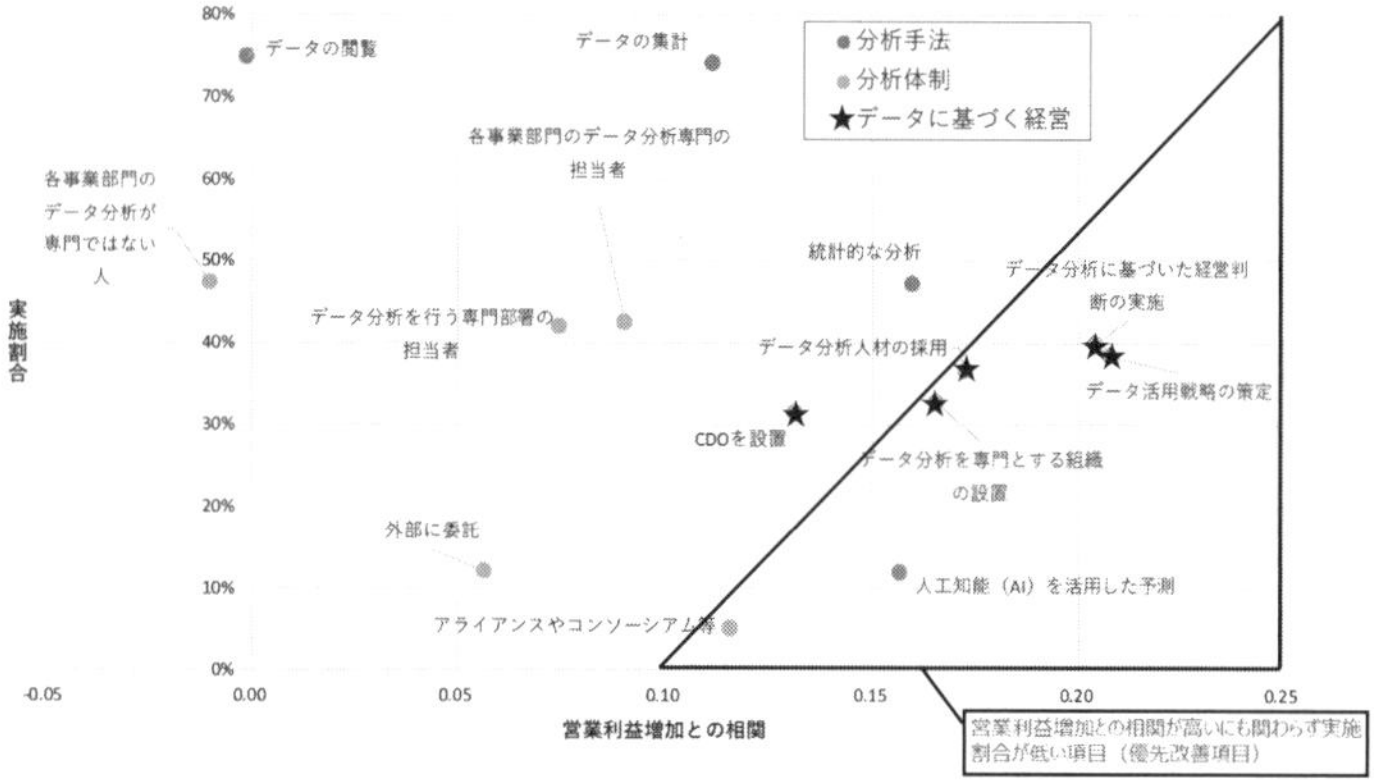

（出典）デジタルデータの経済的価値の計測と活用の現状に関する
調査研究の請負報告書　総務省　2020年3月
https://www.soumu.go.jp/johotsusintokei/linkdata/r02_05_houkoku.pdf

データに基づく経営が営業利益増加につながるにも
かかわらず、それほど実施できていない

実際に第４次産業革命における三種の神器を活用し、「勘と経験」で傾きかけていた事業を「データとロジック」でＶ字回復させた企業の事例を紹介します。

【事例】伊勢の老舗食堂『ゑびや』のEBILAB

大手ＩＴ企業に勤めていた現社長が、２０１２年に妻の実家が経営する『ゑびや』に入ると、「経験・勘・度胸」が頼りの経営に危機感を覚え、三重大学大学院に入学してＩＣＴ（情報通信技術）に精通する人脈を築くと、来客予測のシステム化に乗り出しました。店先を行き交う観光客らをモニター画面で自動解析し、通行量をチェック。曜日や時間帯、月単位で変わる人気メニュー、天候、地元行事など膨大なデータを集積し、それらを基に２０１６年には、ＡＩが95%の的中率で来店者数を予測するシステムを生み出しました。

それにより、正確な来客予測が可能となり、注文メニューや客単価、クーポン利用率といった細かな点まで予測できるようになった結果、食品廃棄ロスの削減やメニュー提供の最速化を実現。材料の管理や発注といった人的労力がなくなり従業員の負荷を軽減しながらも、接客品質を向上させ、表のような効果を出しました。

機械でできることは機械に任せるようになって、時間的にも心理的にも余裕が出たことで、今日の販促方法や言葉遣いはどうしようかなど、スタッフ同士が接客に関する話をするようになり、明らかに「おもてなし」にかけるモチベーションが上がっているとのことです。

	導入前(2012)	導入後(2018)	効果
売上高	1億円	4.8億円	4.8倍
経常利益	200万円	2,000万円	10倍
従業員数	42名(社員６名)	44名(社員14名)	横ばい
1人あたり売上高	396万円	1,073万円	2.7倍
アルバイト時給	800円	950-1,200円	150-400円ＵＰ

EBILAB 導入により売上高 4.8 倍、経常利益 10 倍に!

当初は食堂経営のみだった事業も、お土産店とクラウドサービス開発・販売の３事業に拡大。グルメサイトや観光サイトなどでもランキング上位に入る繁盛店になりました。

コロナ禍の影響もあり、『ゑびや』の売上は大幅減、一時的にキャッシュフローがマイナスに陥りました。３密を可視化する必要があると考え、来客予測ＡＩを応用し、混雑情報を事前に予測するなど、可視化することができる「混雑予報ＡＩ」をスタッフと協力して開発。「EBILAB」としては、「混雑予報ＡＩ」の販売実績と売上高も約１１０件、１億円と成績を大きく伸ばしています。

TIP 36

新しい技術の普及が会社を「仕事ロボット」に変える

前項の通り、日本では、AIやロボットなどの新しい技術の普及が、それほど進んでいませんが、今後働き手が減少することを考えると、今からAIやロボットの導入ができないかを検討する必要があります。そのためには、まず自社の仕事の種類がどのようなものかを把握する必要があります。

仕事の種類を、その職が定型的な仕事が多い職なのか非定型的な仕事が多い職なのかということと、それが頭を使う職種なのか体を使う職種なのかということの2軸でマッピングすると次の4つの区分に分けられます。

①ブルーカラーで代替されやすい職
②ホワイトカラーで代替されやすい職
③ホワイトカラーで代替されにくい職
④ブルーカラーで代替されにくい職

代替されやすい職、代替されにくい職

③ホワイトカラーで代替されやすい職	①ブルーカラーで代替されやすい職
財務、会計、経理など	郵便配達・電話交換、ドライバー、清掃など
研究開発、建築、設計など	保育士、看護師など
④ホワイトカラーで代替されにくい職	②ブルーカラーで代替されにくい職

「①ブルーカラーで代替されやすい職」では、「郵便配達・電話交換」、「ドライバー」、「清掃」などがあげられます。ドローンの開発、自動運転の技術の進展や清掃用のＡＩ掃除機などのさらなる開発が進めば、ロボットによる代替は十分可能となります。

「②ホワイトカラーで代替されやすい職」では、特に「財務・会計・経理」が比較的定型化された仕事が多く、将来代替される可能性が高くなります。また、最も職業人口の多い職種である一般事務も比較的代替されやすいですが、同じ一般事務でもその人が部長なのか平社員なのかで職務は大きく違いますし、正規雇用者か非正規雇用者かでも異なります。

ただし、これらの仕事が完全に代替されるためには、将来、大規模な技術革新が起こらなければならないですし、同時に、その技術が相当に安価に導入できなければなりません。

おそらく、ＡＩ・ロボットなどによる仕事の代替は、皆さんが懸念しているより、中長期的に緩やかに起こっていくと考えられます。しかし、今後、日本社会はさらなる少子高齢化が進み、深刻な労働力不足に直面するのはほぼ間違いないため、中小企業であっても、こうした技術革新を捉え、いかにしてスピード感をもって活用していくかということが重要になってきます。

【事例】除菌クリーニングロボット　CYBERDYNE株式会社

（参照）コロナ禍によるロボット活用事例
https://robo-navi.com/servicerobot_covid/index.html
https://robo-navi.com/servicerobot_covid/pdf/01.pdf

除菌・清掃ロボット「CL02」は、自律走行しながら除菌・清掃することができるロボットです。建物内部の形状と清掃経路を認識して記憶するため、磁気テープやマークといった誘導線がなくても自律走行することができ、独自に開発した内蔵する３Ｄカメラが障害物を検知した場合の一時停止機能、また作業結果の可視化（ダストマップ）機能も搭載しています。夜間の人が出入りしない時間帯等に、あらかじめマッピングしていた経路を自律走行することで除菌・清掃作業を無人で行うことができます。

新型コロナウイルスの感染リスクが高い空港や駅などの交通インフラ施設、大型商業施設や自治体庁舎などの公共施設で、感染リスクを低減させることのみならず、ウイルス除去や除菌にあたる従業員が直接ウイルスに接触するようなリスクを徹底的に排除し、そこで働く従業員の健康と安全を守るため、自律走行でき除菌・清掃作業が可能なロボットが活躍しています。

【事例】RPAで電子申請業務を自動化　社会保険労務士法人アジア経営革新等支援機関

各企業の給与計算などの労務管理や「36協定届」「就業規則の届出」のe-Gov電子申請業務は、次のような課題があり入力にマンパワーが掛かっていました。

・「36協定届」は、顧客より受理したEXCELファイル記載の項目について、申請時に再度同じ内容を入力しなければならない。

・「就業規則の届出」については、顧客企業情報を都度入力したうえで、就業規則ファイルを添付している。

・これらの入力処理後に取得する返戻物（雇用保険被保険者資格者証、社会保険手続き完了証など）を、各顧客へ個別にメール送信する必要がある。

入退社の手続きが多い月で１００件ほどあり、毎月10件程度のペースで増加していく中で、当社代表はマンパワーによる実施は限界と感じ、ＲＰＡ※の導入を決意しました。e-Gov電子申請の入力画面・入力項目は固定であり、受領するEXCELファイルも定型のため、ＲＰＡにより自動入力することで入力作業の効率化を実現しました。また、取得した返戻物は各企業のフォルダに振り分けたうえで、ＲＰＡにより定型文を添付書類とともに自動でメール送信することで、作業効率化と送付誤り削減を実現しました。

これにより、e-Gov電子申請の入力時間はおよそ15分／件、顧客への返礼物のメール送信はおよそ10分／件かかっていたものが、ほぼゼロになり約20時間／月の作業時間が削減されました。さらにＲＰＡがなければ、従業員の増員が必要と考えていたが、その必要もなくなり、月収30万円と想定すると３６０万円／年のコスト削減につながったといえます。

※ＲＰＡ（Robotic Process Automation）：人間がコンピュータ上で行っている定型作業を、コンピュータ上のロボットで自動化すること

この少子高齢化で人材が不足していく時代だからこそ、新しい技術のフル活用で会社を「仕事ロボット化」し、「最小の努力で最大の効果を生む体制」を整えましょう。

TIP 37
「人間の適所適材」と「機械の適材適所」でうまくいく

一般的に「適材適所」とは、人（人材）が先にあり、その人を適する場所（能力を発揮できる場所）に配置するという意味で使われる言葉です。企業で用いるとすれば、その人にとって最適な職務を与えることを意味し、場合によって必要のない業務を発生させてしまいます。

一方、「適所適材」は場所（業務）が先にあり、職務内容や求められる資質に合った人材を配置することを意味します。

人か場所か、どちらが先かという点が異なるわけですが、実は企業の人材戦略においては、「適所適材」で人材配置をした方が、生産性が2倍になるのです。（なぜ2倍になるかについての根拠は、次項にて解説します）

これまでの日本企業の処遇制度は、属人的な能力に見合った仕事と報酬を与える職能型人事制度が中心でした。これは「人の能力は勤続年数や経験により向上する」という前提で設計されるため、社員間で報酬に大きく差をつけにくく、経済成長・大量採用の時代には都合の良い制度といえました。

しかし、これからは、**職種や職務（仕事）の価値に値段をつけ、それに見合った経験・スキルを有する人材を配置し処遇する仕組みへとシフト**していきます。個々の職務について客観的価値に基づいた適正な処遇水準を設定し、最適な人材を配置する。つまり「適材適所」ではなく「適所適材」の考え方に変わっていくと考えられます。

これまで本書を読み進めていただく中で、どのような職務があり、どこを強化すべきかが明確になってきたのではないでしょうか。

ここでは、明らかになった「適所」の部分に、最適な人材を割り当てていく方法を解説します。

人材配置で重視すべきは、個人の能力を最大限発揮するためのチーム構成を考えることです。特に中小企業は、大企業のように人材に余力がないケースがほとんどですので、従業員が複数の業務を兼任することもよくあります。だからこそ、最小の従業員数で最大のパフォーマンスを発揮するためにも、経営者、管理職の方が、部下の特性、適性、得意分野、仕事上で何をしたいか、どのような将来を思い描いているのかといったことを深く知ることが大切です。

経営者としては、一人で何でもできてしまうような優秀な部下がいれば理想でしょう。しかし、得手、不得手があるものです。ですから、人員配置をする際は、個々人のスキルを一覧化するなど、把握できるようにしておくことをおすすめします。

スキルマップの例

20●●年 スキルマップ	
部署名	プロフラム開発部
管理担当者	山田 太郎
最終更新日	●●年●月●日

評価4	指導することができる
評価3	単独でできる
評価2	指導を受けながらできる
評価1	補助をできる

スキル名		氏名					
大項目	小項目	社員A	社員B	社員C	社員D	社員E	社員F
ビジネススキル	マネジメント	4	3	3	2	1	1
	顧客対応	4	4	3	1	2	3
	リーダーシップ	4	3	3	2	2	1
制作スキル	要件定義	4	3	3	3	2	2
	基本設計	3	3	3	4	1	2
	詳細設計	3	2	2	4	1	1
	プログラミング	2	1	2	4	2	1
	単体テスト	3	3	2	4	2	1
	総合テスト	2	1	1	4	2	1
	運用テスト	3	3	2	3	3	2

従業員のスキルを一覧化し、チーム編成、育成に活用

図のスキルマップのようなものを作ることで、チーム編成に活かすだけでなく、育成のための計画にも活用することができます。

チーム（職務）の中でお互いに得意なことを活かし、補完し合えば、そこにプラスの力が働き、生産性も効率性も向上します。そういう場所を作ることが、「適所適材」なのです。

こうして適所適材を進めていくと、人がやらなくてもいい仕事が出てきます。むしろ、機械（ＩＴやシステム含む）の方が、明らかに効率が良いケースが見えてくるでしょう。

例えば、企業のお問い合わせでよくある悩みに、「ＦＡＱ（よくある質問）ページがあるのに電話が絶えない」、「同じ問

チャットボットのイメージ

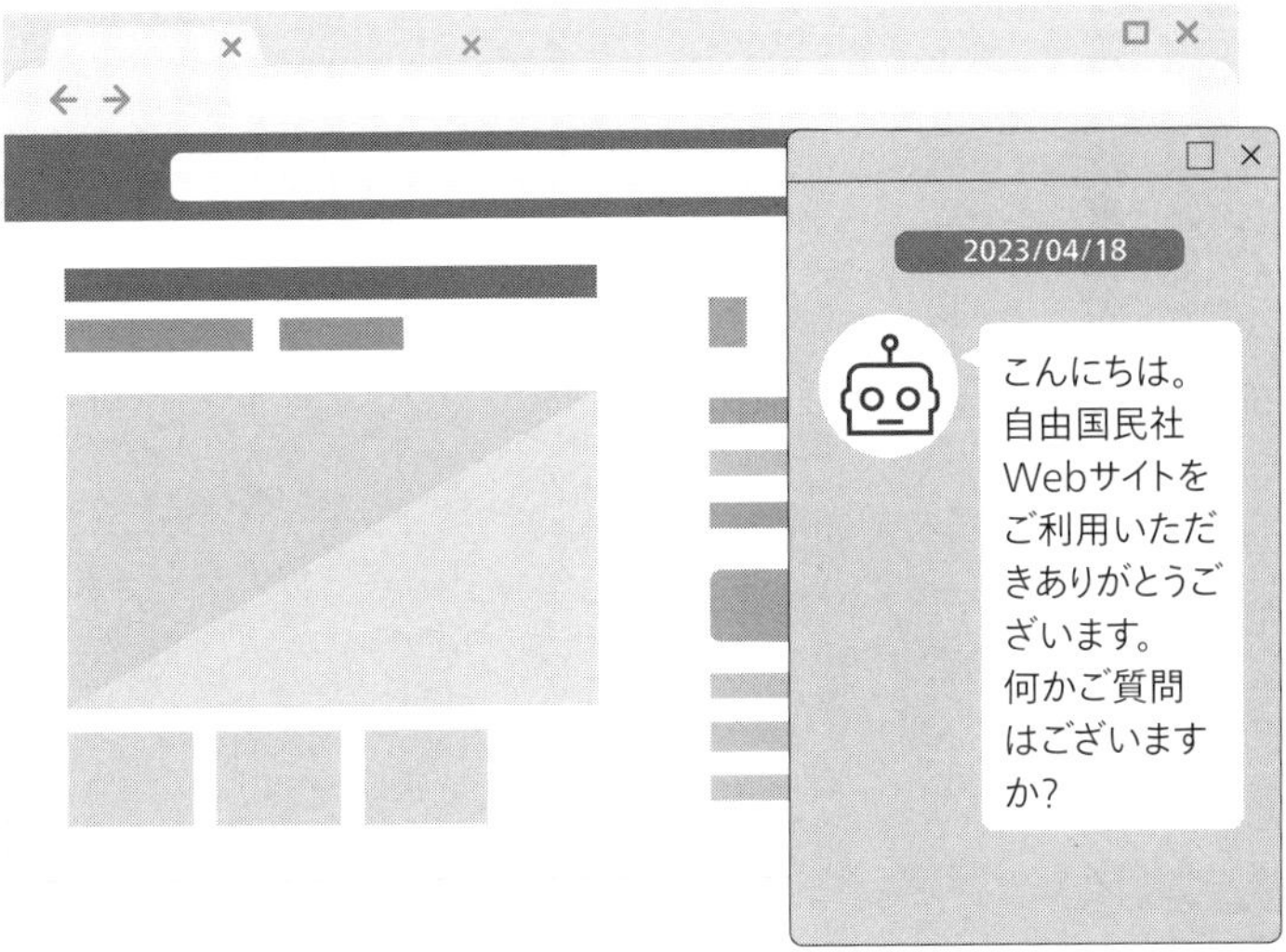

い合わせを何度も受ける」、「対応できる人材の確保が難しい」というものがあります。

　同じ質問を受け、答えるだけであれば、人である必要はありません。つまりそれは人がやらなくてもいい仕事です。

　このような社内外の問い合わせ業務を効率化するツールとして、「チャットボット」があります。

　チャットボットは、チャット（会話）とボット（ロボット）を組み合わせた言葉で、人に代わって問い合わせに自動応答するツールを指します。企業のＷｅｂサイトなどで「ここからお問い合わせください」といった表示を一度は見たことがあるのではないでしょうか。

このチャットボットには、ルールベース型のチャットボットと、ＡＩ型のチャットボットの二種類があり、ルールベース型は「Aという単語にはBを返答する」といったフローを人間があらかじめ設定したうえで、対話が成立するような仕組みになっています。

実は、チャットボットの多くは人工知能非搭載のルールベース型で、Ｗｅｂ上の申し込みや申請の手順がわからないといった問い合わせに対する回答には、このルールベース型を採用しているところがほとんどです。あらかじめ決まったフローを人間が設定し、回答しているのです。

そして、もう１つのＡＩ型チャットボットは、「これまでこの問い合わせからこういう回答があった」ということを学習し、最適な回答を導き出す仕組みになっています。

ただ、精度の高い回答を返すようになるには回数を重ねる必要があるため、Ｗｅｂ上の問い合わせや相談などへの活用は、ＡＩ型よりもルールベース型の方が相性がよいとされています。

ここでは既に実装されているチャットボットの活用例をご紹介したいと思います。

①アニコム損害保険株式会社のインシュアテック対応化（ルールベース型チャットボット）

引用：申込みの手間を80％削減！LINEで保険加入ができるチャットボットをモビルスが開発　PR TIMES　https://prtimes.jp/main/html/rd/p/000000008.000031387.html

ペット保険シェア№１の同社は、２０１８年に「LINE」のトーク上から保険の見積もり・加入申し込み・支払い手続きまでを可能にするチャットボットを導入。それにより、ユーザーの利便性の向上、同社の業務効率化・コスト削減が実現し、10年連続でペット保険の国内シェア№１を保持しています。

②墨田区ごみ分別案内チャットボット（AI型チャットボット）

https://www.city.sumida.lg.jp/kurashi/gomi_recycle/kateikei/oyakudachi/gomi-bunbetu-chatbot.html

同区では、東京23区で初となる人工知能を搭載した「ごみ分別案内チャットボット」の利用を２０１８年７月に開始。使い方は簡単で、捨てたいものの名称を入力すると、分別方法が返信される仕組みとなっています。

利用者として便利なのは、「自転車」と入力しても「じてんしゃ」と入力しても的確に読み取り、「粗大ごみです、捨て方はこちら」と、正しい答えが返ってくる点です。

ＡＩ型チャットボットであれば、こういった言葉の〝表記ゆれ〟や、「いつ捨てればいいか？」「いくら払わないといけないか？」といった問い合わせにも機械学習で対応できるのです。

ここで「機械の適材適所」をおこなうための方法について解説します。これは、私がクライアントによくお話ししていることの最重要ポイントの１つです。

高額なＩＴツールを導入したものの、期待した生産性向上の結果が出ない場合は、企業にとっての大損失になります。

　まず、人間がやっている仕事の流れを明確にし、機械、ツール、ソフト、システムなどでできそうな作業を抜き出します。その後、具体的な機械、ツールなどを選定し、できれば「お試し」ができるもので、「置き換え作業」の実験をすることをお勧めします。そして効果が確認できた場合は、本格的な導入を検討します。

　どのツールが、効果的なのかを判断するためには、テクノロジー知識だけでなく、物理的な機械の知見、そして会社経営の経験やノウハウなど、全方位型のスキルが必要になります。

　こういった専門家は私も含め、限られるので、まずはツールのお試し実施をすることが重要なのです。

TIP 38

適所適材の人材配置で生産性は約2倍になる

適所適材の人材配置ができると、会社生産性は2倍になります。

「2倍は大げさでは？」と思われるかもしれませんが、実際にそうなる理由を説明したいと思います。

まず初めに、「生産性とは何か」を確認したいと思います。

ビジネスで言う生産性は、大きく分けると「資本生産性」と「労働生産性」の2つに分かれます。

「資本生産性」とは、工場や機械などの設備資本に対して、どの程度の付加価値を生み出しているかを算出したものです。これを式に表すと次のようになります。

※付加価値額：企業の生産活動によって新たに生み出された価値。売上高から外部で調達した費用を差し引いた数値。社内に残る利益や人件費の合計に近い数値。

資本生産性＝付加価値額÷資本

一方の「労働生産性」は、労働者がどのくらい高い付加価値を生み出しているかを算出した指標です。式に表すと次のようになります。

労働生産性＝付加価値額÷労働投入量

ただ、労働投入量は、「労働者の人数」を用いる場合と、「労働者の人数×労働時間」を用いる場合があります。

付加価値額の計算方法にはさまざまな定義がありますが、企業視点での簡易的な計算式は次のようになり、ほぼ粗利益と考えていただいて良いでしょう。

付加価値額＝営業利益＋人件費＋減価償却費

本項では人材配置に言及していますので、「生産性＝労働生産性」としてここからは話を進めたいと思います。

中小企業において労働者の人数を増やすことは、採用の難しさや、採用できたとしても人件費アップとなることから簡単ではありません。そのため、労働者数を増やさずに生産

付加価値額	営業利益	400,000	→得意分野で成績UP!	800,000
	人件費	400,000	→営業成績UPで給料UP!	450,000
労働投入量	労働者の人数	1		1
	労働時間	200	→効率化で残業がなくなる!	160
労働生産性		4,000	→上記の結果生産性が約2倍!	7,813

得意な業務で会社の利益アップ!
従業員は働く時間が減って給料アップ!

性を上げるには、「労働時間を減らす」or「付加価値額を増やす」の2択しかありません。

生産性を上げようとすると労働時間の削減にばかり着目しがちですが、付加価値額を上げるのも有効な手段ですので、2つのアプローチがあることは、生産性を算出する式と共に覚えておきましょう。

では「生産性が2倍になる」とはどういうことか。簡単な例でご説明したいと思います。

分かりやすく考えるために1人の従業員の1カ月の付加価値額（営業利益、人件費）と労働時間の変化で考えてみます。

例えばAさんが、自分が得意とするサービスを任されることとなり、モチベーションも上がり徐々に営業利益がアップします。この際の営業利益は1カ月で売るサービスの数が増えても良いですし、経費削減でも達成できます。必ずしも売上がアップしなくても、例えば外注していたものを自分でできてしまえば、営業利益をアップすることは可能です。そして、得意な仕事なので効率的な時間の使い方ができ、これまで残業していた仕事が残業なしでできるようになったとしましょう。その結果、評価も上がり給料がアップします。数値化してまとめてみると図のようになります。

このような効果を出すには時間がかかるかもしれませんが、「適所」で活躍する従業員が増えれば生産性が2倍になることは決して大げさな話ではないのです。

本項では、生産性を上げるには「労働時間を減らす」「付加価値を増やす」必要があると繰り返し述べていますが、そもそも作業にあたるのは従業員ですから、個々の特性を生かすことも欠かせません。

例えば、従業員のタイプを「仕事を早く処理して労働時間を減らすタイプ」と「売上を上げるのが得意で付加価値を創造するタイプ」の2つに分け、その人に合ったやり方で生産性を上げるという視点も忘れてはならないでしょう。

また、適所適材の人材配置にあたっては、ＨＲテックを取り入れる動きも出ています。ＨＲテックは、人材を表す「ＨＲ（Human Resources）」と「テクノロジー」を組み合わせた造語で、ＡＩやビッグデータ、クラウド等の最新のテクノロジーを活用して人事業務の様々な課題を解決、効率化するサービスを指します。

これまでも人事管理システムはありましたが、勤怠管理・給与計算・労務管理など定型業務の効率化が主であり、人材配置においては、経験や勘に頼る部分が大きかったといえます。

しかし、ＨＲテックは膨大なデータを蓄積し、それを定量的、客観的に分析することで、人材配置の意思決定を支援してくれます。

まだまだ、中小企業での導入は進んでいませんが、導入した企業においては「定量的なデータに基づく評価ができる」「効率よく業務を行える」「適材適所に人材配置できる」といったメリットがあります。

【ＨＲテックサービスの導入事例】高速バスによる旅客輸送事業

この会社は、全国に複数ある事業所で約５００名の社員情報を紙やExcelで独自に管理していたため、本社では社員情報が把握できず、どのような経歴の社員がどの部署で、どのような業務についているのかが不透明だったので、社内の人材活用も進みませんでした。例えば、前職で自動車教習所の教官をしていた社員は、指導経験が豊富なのでマネジメントに適している可能性があります。前職が警察官だった社員も一定数おり、道路交通法などの法律に詳しいので、事故対応の際に高い能力を発揮します。そういったスキルや経験があるのに、各所長が見いださなければ、力を発揮する機会がないままになってしまいます。

そこで、ＨＲテックを導入し、社員情報を一元的に管理し、どの営業所でどんな人が働いているのかを全従業員が閲覧できるようにした結果、社員同士のコミュニケーションが活性化したほか、どの営業所にどんなスキルや経歴を持った人がどの程度配属されているのかが把握でき、人材発掘・活用にも効果を発揮しました。

これまでは全国の所長に個別にヒアリングしながら人材の配属先を決めていましたが、HRテックを導入したことによって人材情報が可視化され、「こんなスキルを持った人材はいないだろうか」という疑問にもスピーディーに対応できる体制の構築に成功しています。

紙や「Excel」などによって人事情報を管理している中小企業はまだまだ多いですが、クラウドサービスのHRテックを導入することによって、人事管理業務に関するコストを抑えながら人材をフル活用できるようになります。

TIP 39 動画マニュアル化で「遠隔実地教育」が可能に

せっかく採用した従業員やアルバイトが辞めてしまい、その度に求人広告を出しては面接をして……と、時間がない経営者にとって、時間も手間もかかるのが採用活動です。HRテックなどを活用して、従業員やアルバイトが辞めない環境を作り、可能な限り長い間、戦力として働いてもらいたいものです。特にアルバイトは短期間の雇用のイメージも強いですが、実態としては5年以上働いている方も多いのです。ところが、早い人はアルバイト初日にすぐ「辞める」と決断してしまいます。それはなぜでしょうか。

どうしたらアルバイトがすぐ辞めずに長く働いてくれるのでしょうか？

初日にすることと言えば、説明がほとんどです。同僚を紹介し、職場内の案内やルールを話し、仕事の内容を説明する……仕事を行う前段階ではあるものの、採用する側は即戦力になってほしいと願い、一生懸命説明します。

それなのに、「社風が合わなそう」「仕事が覚えられなそう」といった理由から、1週間も働かずに、辞めてしまうこともあります。

実はそんな問題を解決してくれるのが〝マニュアル〟です。

アルバイトは宿泊業や飲食サービス業に多く、業務もマニュアル化しやすい職種なので、当然マニュアルはあると思いがちですが、実際はないことも多いのです。

しかし、お店のサービスの形が決まっているからこそ、アルバイトでも社員でもサービスレベルは均質でなければならないのです。結果、飲食店こそマニュアル作りは必須でしょう。

そこで提案したいのが、「動画マニュアル」です。

マニュアルを動画にするメリットは、どんな仕事を行うのかがイメージしやすい点にあります。事前にその動画を見てもらえれば、実際の仕事とのミスマッチはなくなりますし、初日から即戦力になってもらえる可能性もあります。

さらに、動画マニュアルを作成しておくと、採用面接の際にそれを見せて「こんな仕事ですができますか」という形で使うこともできます。動画をきっかけに、面接に来た人も質問がしやすかったり、面接に来た人の経験を引き出したりすることもできそうです。

動画マニュアルを簡単に作成するなら、マニュアル化したい作業を撮影した動画をYouTube にアップロードすることで実現できます。アップロードした動画は、YouTube上で字幕を入れたりキャプションを入れたり、不必要な部分のカットもできます。もし、このような動画を企業の資産としてしっかり管理したい場合は、「Teachme Biz」「tebiki」

「MiteNET」「BRIGHTCOVE」などの有料の動画配信プラットフォームも活用してみてください。

ここでは、実際に飲食店で動画マニュアルをいち早く取り入れて成功している事例をご紹介します。

【事例】焼肉ライクのスタッフ教育

株式会社焼肉ライク（https://www.yakiniku-like.com/）は、関東を中心に全国に90店舗以上（２０２３年１月時点）を展開するひとり焼肉のお店です。焼肉ライクはフランチャイズ展開を軸としている会社で、各店舗のクオリティをより高いレベルで統一したいという思いがありました。

そこで同社は、動画マニュアルであればクオリティのずれを防止できること、また、同店においてはオペレーションを分業制にすることを考案し、動画マニュアルを整備しました。

マニュアルは会社の理念の浸透、各種スキルの向上の両面から作成されています。動画教育の効果は、アルバイト店員の教育はもちろん、新店オープン時のサポート人員の削減が大きいようです。

現在では、コミュニケーションツールでの配信にとどまらず、誰がどの動画を見たのかという閲覧状況まで把握して、その教育効果を高めています。

（参考資料）

「お客様の声・導入事例—焼き肉ライク」knowbuild
https://knowbuild.biz/casestudy/yakinikulike/

動画マニュアルの事例とポイントを解説！内製・外注のポイントもご紹介します　動画幹事（株式会社ユーティル）
https://douga-kanji.com/posts/video-manual

TIP 40

数千円で買える「ソフト」で仕事は何倍も速くなる

これまでさまざまな企業の案件に関わってきましたが、中小企業の経営者の中には、従業員を「コスト」や「資産」と捉えている方がいました。しかし、このような発想では、従業員に自律的・能動的に働いてもらうことを期待するのは難しくなります。会社は従業員に対して多くの投資をしているという考え方を持つことが必要です。投資という意味で、賃金をしっかり払うことは当然ですが、教育、福利厚生、各種手当など、従業員が成長しながら働きやすい環境を提供することが重要です。

ここではＩＴツールへの投資による仕事の効率化について考えてみたいと思います。

具体的には属人的な作業をＩＴツールに置き換えることで、社内のコミュニケーションが効率化したり、仕事のスピードアップが図れるというもの。ＩＴツールにもさまざまな種類がありますが、ここでは導入しやすく効果が期待できるものを上げてみました。まずはこちらの表をご覧ください。

仕事の効率化に効くＩＴツールの例

	概要	無償版の制限
Google Workspace(680円/月・人)	メール、予定表、ファイル共有、文書作成など	・独自ドメイン利用不可 ・セキュリティ管理 ・ストレージ上限:15GB
サイボウズOffice(500円/月・人)	メール、予定表、ファイル管理、掲示板、ワークフロー、報告書作成など	–(無償版なし)
Chatwork(500円/月・人)	グループチャット、タスク管理、音声・ビデオ通話など	・14グループチャットまで ・ビデオ通話:1対1 ・ストレージ上限:5GB ・ユーザー管理機能なし
MFクラウド(5名分で3,980円/月→780円/月・人)	会計業務、請求書業務、給与計算、経費精算、マイナンバー管理など	–(無償版なし)
スプレッドオフィス(980円/月・人)	見積書や請求書などの帳票作成、承認フロー設定、ファイル管理など	–
SmartHR(600円/月・人)	社会保険・雇用保険の手続きを自動化、人事情報の一元管理など	30名までは¥0プラン有 ・カスタマーサポート ・有料オプション機能(オンライン雇用契約 ・文書配付、ラクラク分析レポートなど)
Eightプレミアム(480円/月・人)	名刺を撮影して顧客管理	・名刺の優先データ化 ・全情報をデータ化

1人1,000円以下の投資で効果が期待できる!

Google Workspace、サイボウズ Office などのグループウェアと呼ばれる情報共有のためのツールでは、主にメールやカレンダー、チャット、各種ドキュメントの共有など、社内外のコミュニケーションに使われます。これらを使い分けることによって情報共有や意見交換が容易になります。Chatwork はチャット機能がメインですが、簡易的なタスク管理もでき、コミュニケーションツールとしては手軽で有効です。

グループウェアのメリットは、従業員のコミュニケーションを円滑にして社内の雰囲気を良くするだけではなく、報告漏れやミスを防いで業務効率化につながることです。また、ファイル共有、プロジェクト共有、Ｗｅｂ会議の実施、複数デバイスからもアクセスができるなど、時間の短縮と効率化が図れます。

そして、全従業員が利用するものではないですが、「ＭＦクラウド」「スプレッドオフィス」「SmartHR」「Eight プレミアム」など多くの会社で必要となる管理業務を効率化するためのツールも業務内容に応じて導入してみてください。

グループウェアなどは全従業員で利用することが重要ですが、それ以外は役割に応じて必要なツールが変わってきます。必要なツールを組み合わせたとしても、一人当たりの投資は表のようになります。

部署ごとに仕事の内容は異なります。この表は部署ごとに導入するツールの組み合わせの例になります。

今回ご紹介したツールには、無償版が提供されているものもあります。無償の場合、ど

部署	導入するツール			投資額
総務部	サイボウズOffice	SmartHR	−	1,580円/月
経理部		MFクラウド	スプレッドオフィス	2,260円/月
営業部		Eightプレミアム	スプレッドオフィス	1,960円/月
製造部		−	−	500円/月
:		−	−	

部署ごとに必要なツールを組み合わせて効率化を推進

うしても機能が制限されたり、利用できる期間が限られてしまうというデメリットがあります。

少ない投資とはいえ、費用がかかるものですから、無償版があるものについては、やりたいことがどこまでできるかを把握した上で、有償版を導入するといった手順をおすすめします。

導入を検討している、あるいはまだＩＴツールを導入していないという企業があれば、ぜひ試しに利用してみてください。結果、作業効率が上がり、利益にも直結すると感じれば、社員一人に毎月数千円の投資をしたとしても、安いと感じるはずです。

TIP 41

ＩＴ化には補助金が活用できる！

補助金は、国や自治体の政策目標（目指す姿）に合わせて、さまざまな分野で募集されており、事業者の取り組みをサポートするために資金の一部を補助するというものです。それぞれの補助金の「目的・趣旨」を確認し、自分の事業とマッチする補助金を見つける必要があります。

　中小企業のＩＴ化に活用できる補助金は、経済産業省が創設した「中小企業生産性革命推進事業」があります。この事業には上の表に示した４つの補助金が含まれます。

　この事業は、令和元年度補正予算として２０２０年より３年間にわたって支援する事業と

小規模事業者持続化補助金	小規模事業者等による販路開拓等を支援 補助上限額：50 ～ 200 万円 補助率：2/3
IT 導入補助金	中小企業等によるバックオフィス効率化等のためのＩＴツール導入を支援 補助上限額：150 万～ 450 万円 補助率：通常枠 1/2 デジタル化基盤導入枠 1/2 ～ 3/4
ものづくり補助金	中小企業等による新商品･サービス開発、プロセス改善のための設備投資等を支援 補助上限額：750 万～ 5,000 万円 補助率：中小企業 1/2　小規模事業者 2/3
事業承継・引継ぎ補助金	事業承継・M&A 後の経営革新や M&A 時の専門家活用等にかかる支援 補助上限額：150 万～ 600 万円 補助率：1/2 ～ 2/3

中小企業生産性革命推進事業は、設備投資、IT導入、販路開拓、円滑な事業承継･引継ぎ等の支援を一体的かつ機動的に実施

小規模事業者持続化補助金

対象者	小規模事業者※
対象事業	経営計画に基づき実施する、地道な**販路開拓等**あるいは、販路開拓等の取組とあわせて行う**業務効率化（生産性向上）**のための取り組み
対象経費	①機械装置等費、②広報費、③ウェブサイト関連費、④展示会等出展費、⑤旅費、⑥開発費、⑦資料購入費、⑧雑役務費、⑨借料、⑩設備処分費、⑪委託・外注費

※おおむね常時使用する従業員の数が20人(商業又はサービス業に属する事業を主たる事業として営む者については、5人)以下の事業者

して開始し、令和４年度以降でも継続しています。毎年同じ補助金の募集があるとは限りませんので、検討の際は最新の情報を確認してください。

〈小規模事業者持続化補助金〉

よく申請されるのはＷｅｂサイト、ホームページ作成です。ステップメール、ランディングページ（ＬＰ）といった広告のＩＴ化も当てはまります。ただし、２０２２年度より上の図の「③ウェブサイト関連費」のみによる申請はできなくなっており、また補助金交付申請額の１／４が上限となっていますので注意が必要です。

また、２０２０年後半から２０２１年にかけて、新型コロナウイルスの影響で応募数が激増し、採択率が著しく下がる（半分以下）と言った状況になりました。申請には労力がかかりますので、直近の採択率なども考慮してください。

IT導入補助金

対象者	中小企業・小規模事業者
対象事業	自社の強み・弱みを認識・分析し、生産性向上のため業務プロセスの改善と効率化に資する方策として、あらかじめ事務局に登録されたＩＴツールの導入
対象経費	あらかじめ事務局に登録された**ＩＴツールの導入費用** ①ソフトウェア（業務プロセス・業務環境）、②ソフトウェア（オプション）、③役務（付帯サービス）

〈ＩＴ導入補助金〉

アナログな作業を効率化するためのシステムであれば、ソフトウェアやクラウドサービスなど様々なパターンのＩＴツールが対象です。

会計ソフト、顧客管理システム、営業支援システム、その他の業種に特化した生産性を上げるソフトウェアなどのＩＴツール導入時のコンサルティング料、マニュアル作成も含めて対象経費とすることができます。

〈ものづくり補助金〉

「革新的な製品、サービス開発」に対する補助金で、システム開発も含まれます。既存のサービスやツールを導入せず、自社向けにシステムを構築したい、カスタマイズしたいなど、コストがかかる場合はこちらを活用できます。

【事例】ものづくり補助金を活用して開発されたサービス
介護ワークシェアリング「カイスケ」
https://caitech.co.jp/caisuke-lp/

ものづくり補助金

対象者	中小企業・小規模事業者
対象事業	「革新的な製品・サービス開発」又は「生産プロセス・サービス提供方法の改善」に必要な設備・システム投資等
対象経費	**①機械装置・システム構築費**、②技術導入費、③専門家経費、④運搬費、⑤クラウドサービス利用費、⑥原材料費、⑦外注費、⑧知的財産権等関連経費

新時代の介護業界特化の人材獲得プラットフォームで、急な退職時の助っ人、ピークタイムでの人員の補充、お試し雇用など、有資格者の介護職を単発ですぐに呼べるWebサービスです。

1つのWebサービスで、仕事依頼〜勤怠管理〜給与支払いまで全て完結できることがウリで、次のような特徴があります。

・有資格者の介護職を最短で翌日に呼ぶことが可能
・Web上で介護職に来て欲しい日にちを指定すれば、90%以上の確率でマッチングし、勤怠〜給与支払いもシステムが全て実施
・1回あたり数千円のシステムマッチング手数料で依頼ができて、さらに実際に働いたうえで双方フィットすれば、採用につなげることも可能

これにより、通常の求人と比較すると、非常に高いマッチング率を実現しています。

本サービスはサービス開始後に事業のアイデアが評価され、経済産業省主催「ジャパン・ヘルスケアビジネスコンテスト

事業承継・引継ぎ補助金（経営革新事業）

対象者	中小企業者等または特定非営利活動法人
対象事業	経営者の交代又は事業再編・事業統合等を契機として、承継者が引き継いだ経営資源を活用して行う経営革新等に係る取り組み
対象経費	①人件費、②店舗等借入費、**③設備費**、④原材料費、⑤産業財産権等関連経費、⑥謝金、⑦旅費、⑧マーケティング調査費、⑨広報費、⑩会場借料費、⑪外注費、⑫委託費

2020」アイデア部門グランプリを受賞しています。その他、自治体主催の多数のビジネスコンテストで受賞しています。

〈事業承継・引継ぎ補助金〉

事業承継を契機として新しい取り組み等を行う中小企業者等及び、事業再編、事業統合に伴う経営資源の引継ぎを行う中小企業者等を支援する補助金で、「経営革新事業」、「専門家活用事業」、「廃業・再チャレンジ事業」の3事業があります。

経営革新事業では、事業承継を契機として経営革新に係る取組を行う場合に、設備投資や販路開拓等にかかる取組費用の一部が補助されます。これまでに紹介した3つの補助金以外にも、システム構築費が対象となる大型の補助金があります。

〈事業再構築補助金〉

新型コロナウイルス感染症の影響を受けた事業者

事業再構築補助金

新型コロナウイルス感染症の影響が長期化し、当面の需要や売上の回復が期待し難い中、ウィズコロナ・ポストコロナの時代の経済社会の変化に対応するために新分野展開、業態転換、事業・業種転換、事業再編又はこれらの取り組みを通じた規模の拡大等、思い切った事業再構築に意欲を有する中小企業等の挑戦を支援

対象者	中小企業・中堅企業
対象事業	新分野展開や業態転換、事業・業種転換等の取り組み、事業再編又はこれらの取り組みを通じた規模の拡大等を目指す中小企業等の新たな挑戦
対象経費	**①建物費、②機械装置・システム構築費、**③技術導入費、④専門家経費、⑤運搬費、⑥クラウドサービス利用費、⑦外注費、⑧知的財産権等関連経費、⑨広告宣伝・販売促進費、⑩研修費

が、思い切った事業再構築に取り組む際の挑戦を支援する補助金として令和3年に始まり、建物の改修や機械装置・システム構築費が主たる対象となります。

補助金額が他の補助金と比較して、かなり高額になるため、大規模な事業転換に取り組む場合に活用できます。

なお、本補助金は次の申請要件を満たすことが必須となります。

①認定経営革新等支援機関と事業計画を策定する

②付加価値額を向上させること

各要件の詳細は本書では触れませんので、補助金サイトで確認してください。

補助金は、融資などとは異なり必ずしもお金を返済する必要はありませんが、審査があ

・小規模事業者持続化補助金（日本商工会議所）
https://r1.jizokukahojokin.info/
・小規模事業者持続化補助金（商工会）
https://www.shokokai.or.jp/jizokuka_r1h/
・IT導入補助金
https://www.it-hojo.jp/
・ものづくり補助金
https://portal.monodukuri-hojo.jp/
・事業承継・引継ぎ補助金
https://jsh.go.jp/
・事業再構築補助金
https://jigyou-saikouchiku.go.jp/

るので「申請したら必ずもらえる」というものではありません。補助の有無や金額は「事前の審査」と「事後の検査」によって決まります。また、原則、補助金は後払い（精算払い）なので、事業の実施後に必要書類を提出して検査を受けた後、受け取ることができます。

　補助金は申請資料として事業計画書が必要なため、事業者だけで申請して採択されることは難しいこともあります。事業計画書の策定にあたり、私のような専門家の手を借りることも検討してください。

TIP 42

変化の時代――理系人材が会社を育てる

昨今、ＩＴ技術の急速な進歩や新型コロナウイルスの感染拡大によって、企業を取り巻く環境は大きく変化しています。このような**将来の予測が困難な「ＶＵＣＡ（ブーカ）※」の時代において、企業が成長していくためには、変化に強く柔軟性の高い組織づくりが必要となります。**一体何をすべきでしょうか。

※ＶＵＣＡは「Volatility（ボラティリティ：変動性）」「Uncertainty（アンサートゥンティ：不確実性）」「Complexity（コムプレクシティ：複雑性）」「Ambiguity（アムビギュイティ：曖昧性）」の頭文字を並べたもの

企業の経営陣（役員）の出身学部については、実は経営者は文系の方が多く、理系が少ないという統計データもあります。

しかし、現在のような変化の時代においては、「理系脳」を活用して経営に生かすことを考えていただきたいのです。

私の考える「理系脳」とは、理系学部出身ということではなく、「仕事を効率的に進め、最小の労力で最大の生産性をコミットする能力」や「数字やデータに基づいた客観的な思考の持ち主」のことを指します。

文系脳、理系脳を知る１つの手がかりに、こんなクイズがあります。さてあなたは、何と答えるでしょうか。

> Q. あなたは３００円（１００円玉３枚）を持っています。１３０円のパンを買うと、おつりはいくらでしょうか？

70円と回答した人は、文系脳です。

文系脳の人は、１３０円の買い物には２００円（１００円玉２枚）を出すのが当たり前と考えるため、おつりは２００－１３０＝70円になると回答します。

一方、理系脳の人は、３００円から１３０円を支払うので、おつりは３００－１３０＝１７０円になると回答します。

この違いがどこからくるかというと、理系脳の人が３００円という数字を見て論理的に考えるのに対して、文系脳の人は普段の買い物の様子をイメージするからです。いずれにせよ、この問いの回答はどちらも正解です。

こんなちょっとした問いからもわかるように、文系脳の人はコミュニケーション能力が

理系の長所	文系脳の長所
論理的思考力	語彙力
問題解決力	コミュニケーション力
発想力	協調性の高さ
検証力	感受性の豊かさ
推理力	柔軟な考え方
数的処理能力	ユーモアのセンス

高い傾向があり企業の中ではジェネラリストとして、バランスの取れた感覚は、社内調整に役立つと考えられてきました。

一方、理系脳の人は論理的に考える傾向が強く、数理処理能力が高く計算が得意な人が多い傾向があり、企業の中では開発や改良などの成果を通して貢献する人材と考えられてきました。

しかし時代は変わり、インターネット技術と無縁のビジネスはあり得ない状況で、テクノロジーはビジネスの進化に欠かせません。理系人材の知見を経営判断に積極的に活用すべき時代になっています。

では、「理系脳」の持ち主は、その能力をどのように経営に活かしていけば良いのでしょうか。ここでは、理系脳が持つ物事を考える際の特徴を、いわゆる「文系脳」とされる考え方との異なる点に着目して考えてみたいと思います。

理系脳の優れている点

(1)逆算の発想を持っている。
(2)最短距離でゴール（本質）にたどり着こうとする。
(3)仮説を立て、すぐに行動に移す（検証する）ことを重要視する。
(4)リスクはあって当然と考え、リスクの大きさで判断する。
　4つの特徴を、1つずつ解説します。

(1)逆算の発想を持っている

「逆算の発想」とはどういうことか。

ここでは、因数分解を例にあげて考えたいと思います。

例えば「16」という数字を因数分解するとどうなるでしょう。

16＝1×16、16＝2×8、16＝4×4、16＝2×2×2×2、4の2乗、2の4乗など、複数のパターンがありますね。16という数字の求め方にも何種類かあるように、経営上で16の要素の問題が発生した場合も、それをいくつかに分解して考えることができます。

　1つずつ順番に解決しようとするか、いくつかのまとまり（2ないし3つの因数）に分解して解決しようとするかで比べたときに、理系脳だとまとまりで処理する傾向が高くなります。

どのまとまりの優先度が高いのか、「まとまりの中の1つが解決すると、その中にある他の問題も解決するかもしれない」という考え方で物事に取り組むので、その発想を生かしていくとよいでしょう。

例えば、売上が伸びない時に、その原因を次のように考えます。

売上が伸びない＝（商品の魅力が伝わっていない）×（売り方が悪い）

「商品の魅力」については、顧客が理解しやすい商品説明、情報発信の方法、商品利用時がイメージできるかなどの観点です。「売り方」については、価格やターゲット設定、広告、販売場所、ということになります。

そして、先ほどお伝えした因数分解の「16＝2×8」のように、どちらが「2」でどちらが「8」なのかを定量化します。例の場合、「売り方が悪い」が「8」であれば、こちらを優先して取り組むことで、問題解決の効率が上がるでしょう。どちらが大きい因数か分からなくても、片方ずつ試すことで効果を定量化でき、今後の経営に役立てることができます。

(2)最短距離でゴール（本質）にたどり着こうとする。

理系脳の面白い例をもう1つ見ていただきたいと思います。

次ページの上の図の4点を最短距離で結ぶことを考えるとき、どのような線で結ぶことを考えるでしょうか。

この4点を最短距離で結ぶ線は？

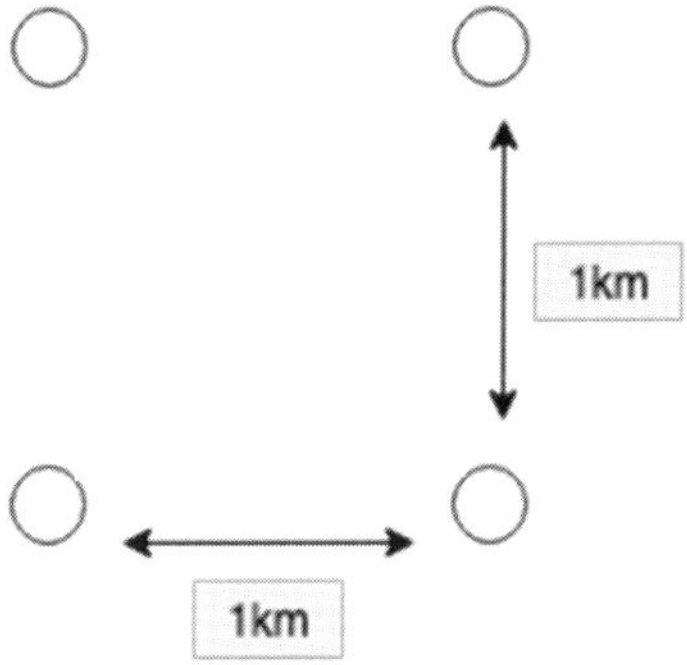

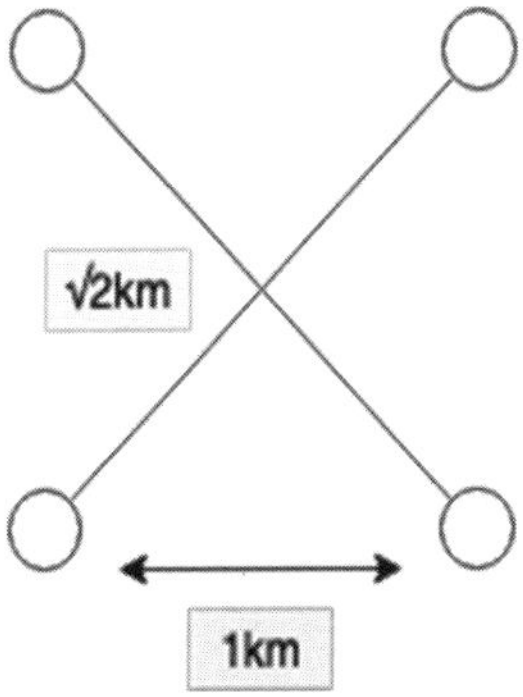

2.82km

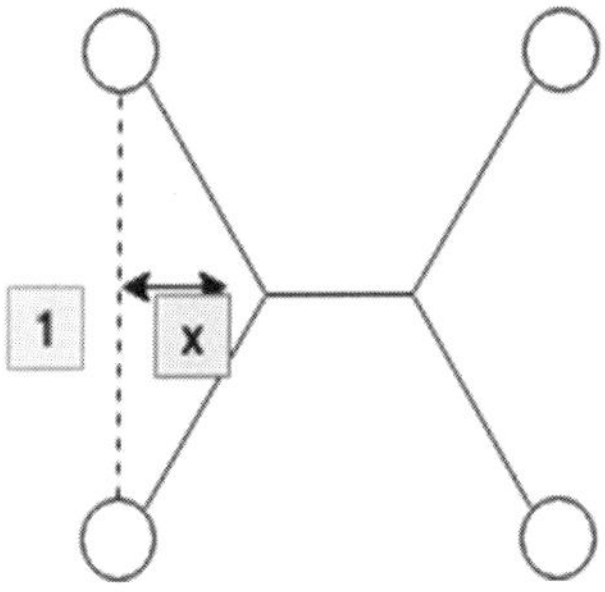

2.73km

正しそうだと思っても、他の考え方がないか探ってみる結び方は何通りもありますが、下の左の図のように考える人が多いのではないでしょうか。実は右の図の方が短いのですが、xの値を求めるのは少し難しく微分計算を用います。「4地点を高速道路で最短距離で繋ぐとどうなるか」のようなことを検討する際などに使えそうです。

最短距離や最小面積を求めるには、実際には微分積分の計算が必要になってきますが、ここで必要なのは計算ではなく、「これが正しそうだけれど本当にそうか」「他の考え方があるのではないか」などの問題意識を持てるか、ということです。

これは一例ですが、理系脳の人は、物事を考える時のパターンとして、いろいろな可能性を考えた上で最短距離を取る傾向があります。

(3)仮説を立て、すぐに行動に移す（検証する）ことを重要視する。

理系脳の人は、仮説を立てて検証することを好む傾向があります。先読みして、素早く行動することも大事ですが、それが正しいかわからないので、よりリスクを下げるために仮説を立てて検証します。

これまでは、ビジネスの現場において、過去の成功パターンさえやっていれば、ある程度数字が伸びていった時代がありました。しかし今は、テクノロジーの急速な進化により、変化が激しく先が読めないＶＵＣＡ時代です。そうした状況の中、ただ時代に流されていくのではなく、未来に目を向け仮説を持ちながら主体的に動き、スピーディーに意思決定

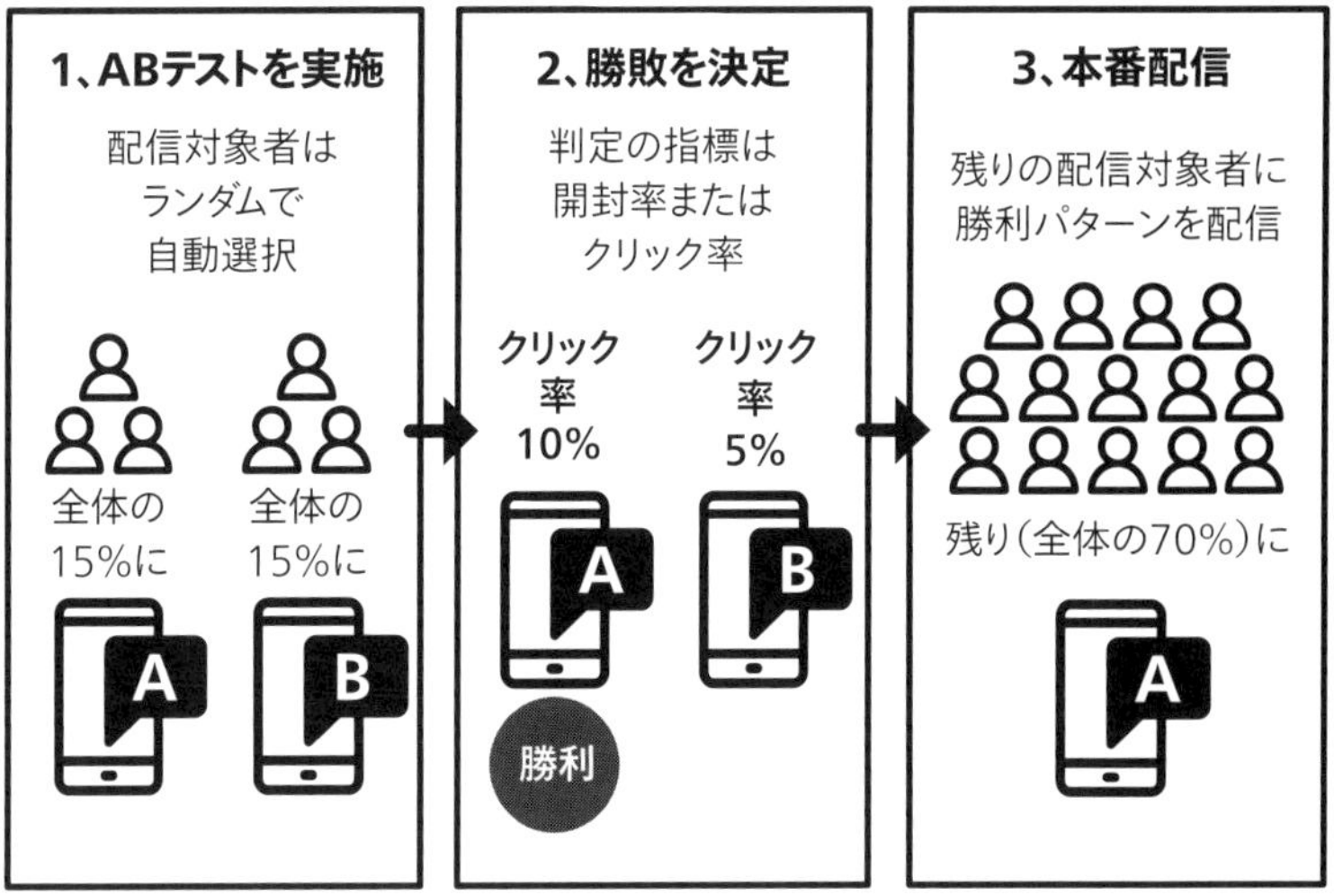

ABテストを活用したメールマーケティングの実施手順

できる人材が必要です。

例えば、メールマーケティングの手法としてＡＢテストがあります。お客様に自社の商品やサービスを知ってもらうためにメール配信をすることは通常行うマーケティング手法です。開封されず放置されたり、資料請求の件数が増えなかったり、結果が結びつかないまま配信を続けても、手間と時間を取られるだけになります。そこで、なぜメールが読まれないのかを検証するためにＡＢテストを実施します。ＡＢテストは、特定の要素のみを変更した２種類のメールを用意し、ランダムに抽出したお客様へ送信することで、ＡとＢどちらのレスポンスがよかったかを検証するテストです。ＡＢテストを実施することで、メールの読者に選択肢を与え、どちらがよいのか選んでもらえます。その結果から、より多くのお客

	成功する確率	成功時に 得られる金額	失敗時の 損失額
新規事業 A	80%	10 億円	-3 億円
新規事業 B	40%	40 億円	-15 億円

新規事業は成功と失敗の大きさ、その確率で判断

様に読んでもらえるヒントを得られるのです。

(4)リスクはあって当然と考え、リスクの大きさで判断する。

文系脳の人はリスクを考える時に０か１かの思考に陥りやすく、「リスクがあるからやらない」となってしまうことが多いのですが、理系脳の人は数字の大きさ、すなわちリスクが大きいか小さいかで判断する傾向が強くなります。

例えば、新規事業Ａと新規事業Ｂの選択肢があり、どちらも失敗するリスクがあります。それぞれの成功確率、成功時に得られる金額、失敗時の損失額を上の表の通りとした場合、経営者はどちらを選択すべきでしょうか。成功時を考えると新規事業Ｂを選択したくなりますが、果たしてそれが正解でしょうか。

次ページの図はデシジョンツリーと呼ばれる意思決定の際に使われるツールですが、この結果から考えると、期待値の大きさから新規事業Ａを選択することが正解となります。この結果を見たうえでも、新規事業Ｂを実行したいと考えるのであれば、成功確率を上げる策をうてば良いのです。リスクは把握できれば、ある程度コントロールは可能です。

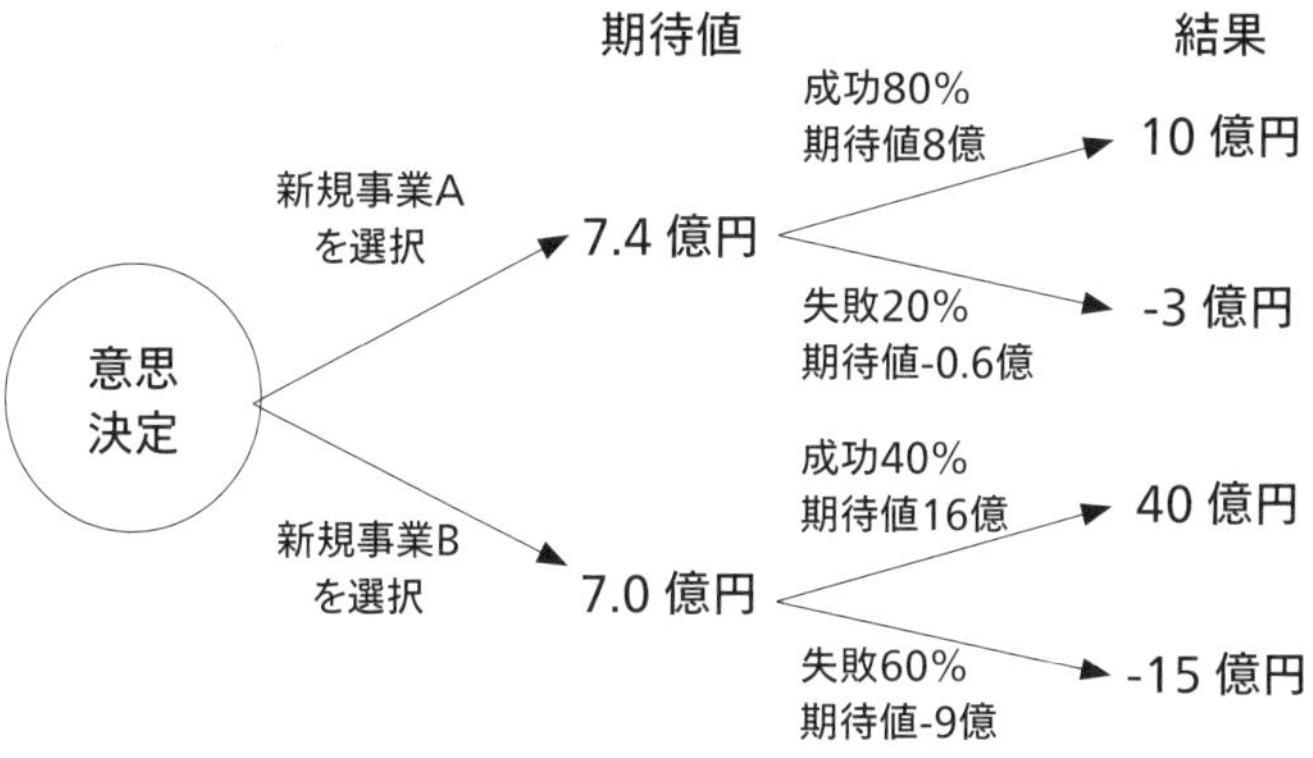

これら4つは、あくまでも傾向であり、もともと文系脳の人が理系脳的な考え方を身に付けることはできるので、このような発想法を参考にしていただければと思います。そして、理系脳で物事を考えられる人が会社にいたら、ぜひその人に力を貸してもらいましょう。

今や多岐にわたる分野でビッグデータの利用が進んでおり、ビッグデータを材料としてビジネス上の問題点や課題を見つけ出し、解決策を提案する能力が求められています。飲食店にしても、個人で1店舗やるだけならまだしも、チェーン化した時点で理系脳じゃないと経営は難しいでしょう。組織になった瞬間に、統計や確率を理解できる理系脳が必要になってきます。また、一流の料理人も理系脳を持っていて、何℃でどのタンパク質が分解されて、どの酵素がどうなるかと理解して作っている人が増えてきています。

【事例】優秀な理系学生に直接アプローチできるスカウトサービス「LabBase（ラボベース）」
https://pol.co.jp/

「LabBase」は学生がデータベース上に自分の研究内容やスキルを書きこむだけで、企業からのスカウトを受けられるという理系に特化したダイレクトリクルーティング型の就活サービスです。企業は一般的なナビサイトなどの就活サービスではリーチできない、優秀で専門性を持った学生に直接アプローチできます。

「LabBase」は他にはない価値として、次の3つを提供しています。

①4万人の理系学生データベース
②高い返信率
③課題へのソリューション

経済産業省も理系学生の獲得を目指し、2020年から「LabBase」の利用を開始しています。「社会を変える鍵は、紛れもなく技術。しかし、技術が社会に実装されない限り、社会は良くならない。だからこそ、技術と社会を繋げる人材が求められている」と考え、専門性や理系的思考を活かしつつ、日本のみならず世界を舞台に、イノベーション政策や環境・エネルギー政策などの国家戦略を一緒に作り上げていける理系人材を求めています。今後、理系人材の活用はますます進んでいくでしょう。

（参考：https://prtimes.jp/main/html/rd/p/000000049.000020282.html）

TIP 43

個人事業主との連携で収益アップ——「ギルド戦略」

「ギルド型組織」とは、専門性を持ったメンバーが案件ごとにアサインされて仕事に取り組む仕組みです。この組織形態のメリットは、仕事内容に応じて、それに適したメンバーを構成できることです。

また、従業員を雇うよりも、個人事業主やフリーランスにアウトソーシングした方が、コストが抑えられることがあります。事実、ある工務店で大工さんや左官屋さんを正社員として雇っていたのを解雇して外注したところ、収益が増えたという話もあります。

仕事内容に応じてメンバーを構成できるので、高いレベルの個人を集められ、その結果アウトプットの質も向上しますし、コストを抑えて収益が増えます。

外資系の保険会社として有名なプルデンシャル生命のライフプランナーは個人事業主で、その報酬体系はフルコミッション（完全歩合制）となっています。ただし、入社2年目までは研修期間として固定給が支払われます。入社期間が長くなるにつれて固定給が減額され、2年目が終了した時点で固定給が0円になるというシステムです。新人で顧客がいない期間の生活費を固定給で賄えるのは、働く人にとって安心できるシステムといえます。

プルデンシャル生命のような報酬体系を整えるには、企業としても体力が必要なので楽ではありませんが、経営者として、働きやすい環境を提供するためにできるだけさまざまな選択肢を用意できるとよいでしょう。

「ギルド型組織」は組織の形態のひとつであり、業種や職種によって向き不向きもあります。しかしながら、経営者にとってはコストを抑えられるという利点が、働く人にとっては、自由度が高く、自分の能力に応じて収入が上がり、それによってモチベーションも上がる仕組みですから、経営者と働く人がwin-winの関係を築くための手段のひとつとして検討いただければと思います。

【事例】個人事業主の専門家によるギルド型チーム　株式会社コンサラート

株式会社コンサラートは、経営コンサルタントの国家資格である中小企業診断士を中心としたメンバーにより、企業活動の様々なステージで抱える「販路開拓」、「人材育成」、「業務改善」、「資金調達」などの課題に対するワンストップでのコンサルティングと都道府県、市町村、企業からの受託事業による事業者の支援を通じた地域活性化等のサービスを行っています。

経営コンサルタントとしての専門性とともに、自身の経歴・実績によって培ったノウハウ・スキルを発揮し、貢献意欲の高い情熱を持つ所属の経営コンサルタントメンバーがギルド型チームを編成して対応することで、全国の中小企業のあらゆる課題に対応できます。
また、ギルド型組織なので、テーマごとに適切なチームを形成できるのに加え、人材不足の状況においても優秀な人材を常に確保できていることが強みです。

代表が、こうしたバランスの取れた集団の中央に位置しながら、メンバーの強みを熟知していることで、中小企業のそれぞれの課題にどうアプローチするか、どうしたら良いかを導き出しています。

さらに、中小企業を支援する地域金融機関、行政機関、公益経済団体、会計事務所等と連携したプラットホーム機関として、中小企業を多面的に支援することで「安心で、信頼性のある」サービスを提供しています。

複雑な経済環境下にある現代社会では、企業の課題を「分野横断的」に把握する必要があります。対応策がシンプルなものでは本質的な解決は難しいため、時にはフリーランスのような個々人の多様な業界知識や経験を集結させることで、他にはない解決案を導き出すことも必要になります。企業がギルド型組織を構築する場合は、依頼する相手をプロフェッショナルと認識して、依頼内容を明確にするとともに、互いの理念や目標に共感できることが重要になってきます。

TIP 44

小部門リーダーに「任せる」と仕事は5倍ラクになる

本書も残り2項目となり、ここまで読み進められた方は、自社の仕事にどのような特徴があり、どのような〝カタマリ〟にわければよいかを把握した状態になっている頃かと思います。会社組織であれば、「部」や「課」が〝カタマリ〟となります。

そこまで整理できたら、その〝カタマリ〟の単位でリーダーを定め、仕事を任せましょう。

そうすることで、経営者であるあなたにどのような変化が起こるか？　答えは、「経営者の仕事が非常に楽になる」ことです。そして何よりも、経営者が本来やるべき仕事に注力できるようになることで、会社の収益が大幅に上がるということです。なぜ収益が上がるかは、ここまで読み進めてこられたあなたであれば、理解できるはずです。

私が思う「仕事を任せる」とは、「リーダーに経営者意識を持ってもらう」ことです。

そうするとリーダーも、「しっかりと利益を出そう」「きちんと管理しよう」という意識が芽生えるでしょう。

そうして経営者意識を持てるようになったリーダーには、経営者が今までやってきた仕事も割り振れるようになります。

会社の規模にもよりますが、それぞれが自部門を一個の会社という意識で動かせれば、経営者の仕事は大変楽になりますし、経営者の立場を引き継ぐ時にもスムーズにいくでしょう。

経営者がリーダーに仕事を任せる際に気をつけてもらいたいのは、経営者とリーダーの考え方のズレをなくすことです。その際に大切なポイントは、次の5つです。

・会社の理念を共有する。
・リーダーの目指す点と会社が求める点の〝一致点〟を言語化する。
・リーダーが会社に対して、自分の部門としてやるべきことを明確にしてコミットする。
・目標をクリアしたらインセンティブがもらえる制度を準備する。
・リーダーのコミットする内容が会社の方向性と合っていることを全体で共有する。

仕事を任せるには、その部門が独立採算であることが望ましいです。

もちろん、先に述べたように、会社の目指す方向性や理念、会社の中でどの部分を管理してもらうのか、目標となる数値が示されていることが前提となります。

目標が未達成の場合はどういう対応をするか、その判断基準を明確にしておくのもよいでしょう。

経営者の仕事とは、目の前の1000万円を稼ぐための仕事ではなく、継続して企業が成長し続ける仕組みを作ることです。そして、その仕組みにより「人が活躍する場を創ること」です。計画を立て、リーダーに任せ、会社が動き出せば、経営者は実作業をする必要がなくなり「経営」という仕事に集中できます。

これまで、営業する、接客する、商品を売る、発注する、会議に参加する、サービスを提供する、経理業務をする……などの仕事をしていたとすれば、その必要はなくなります。

【事例】アメーバ経営

アメーバ経営とは、組織を小集団に分け、市場に直結した独立採算制により運営し、経営者意識を持ったリーダーを社内に育成すると同時に、全従業員が経営に参画する「全員参加経営」を実現する独自の経営管理手法です。京セラ創業者、稲盛和夫が実体験の中から創り出しました。

アメーバ経営には次の大きな3つの目的・特徴があります。

1．市場に直結した部門別採算制度の確立

アメーバには、経営の全般を任せるリーダーを置きます。リーダーは、アメーバの運営を行うなかで、経営者意識をもった人材に成長します。

2．経営者意識を持つ人材の育成

市場価格をベースに計算する部門別独立採算制度を用いて、自部門の実績を明らかにし

アメーバ経営の組織図

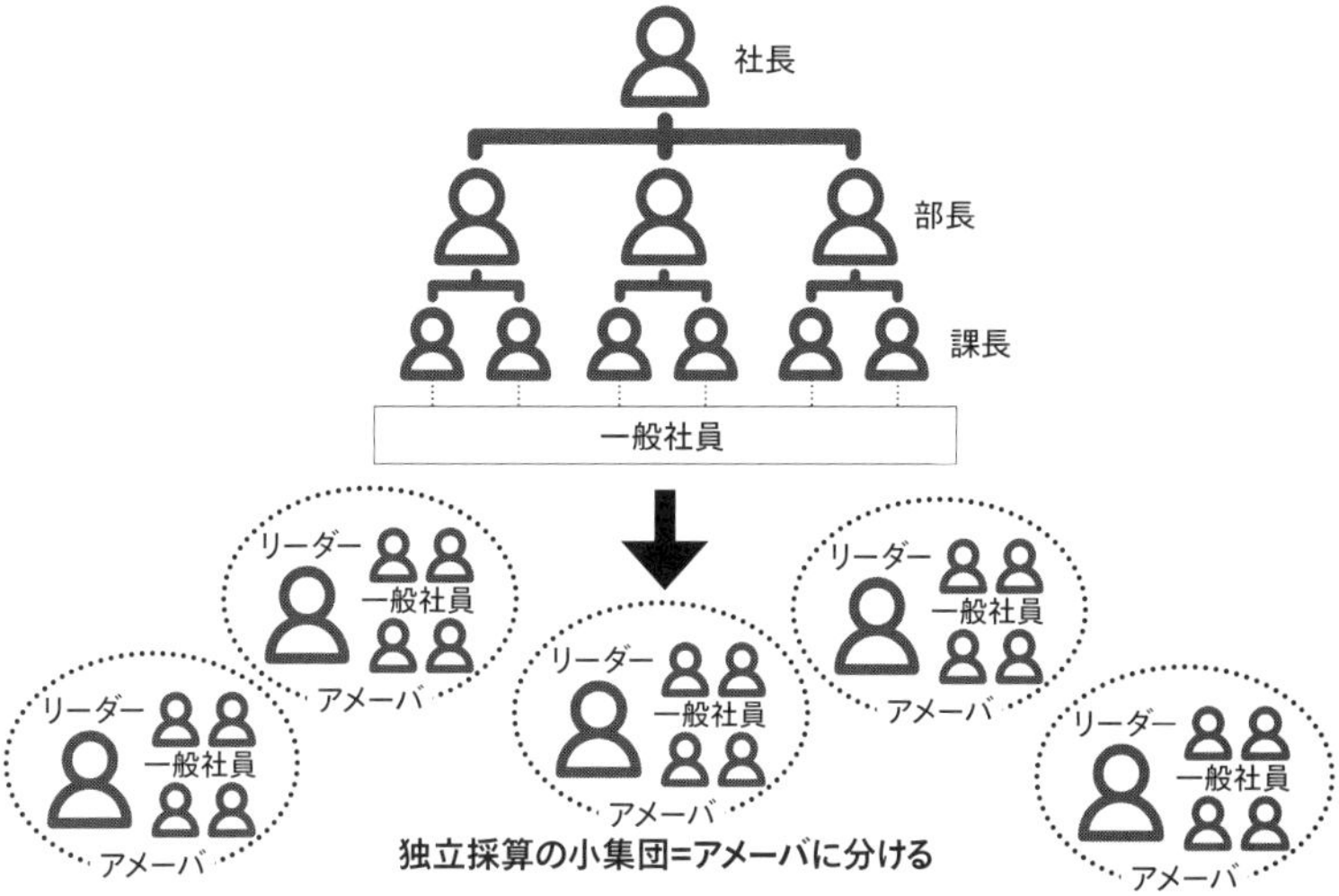

ます。

3．全員参加経営の実現

アメーバごとに経営計画をつくり、全員で知恵を出して協力することによって、目標を達成します。

（引用）稲盛和夫　OFFICIAL SITE「アメーバ経営について」

https://www.kyocera.co.jp/inamori/amoeba/amoeba/amoeba01.html

アメーバ経営は、日本航空（JAL）の再建で一躍有名になりました。しかし、アメーバ経営3つの目的を実現するためには、全社員の意識改革と組織変更、そして人事制度、会計制度を整えるなどの対応が必要となります。組織が小さいほうが、導入・改革しやすいため、この手法は中小企業の方が導入しやすいのです。

TIP 45

理念の共有でチームが勝手に動きだす

経営者が本来の仕事に注力し、リーダーが自分の役割を理解し動き出す。そして、最後に従業員全員が自発的に会社に貢献したいと思って働けば、この組織は最強の組織となるでしょう。仕事は勝手に回りだし、その結果として会社の業績が上がっていきます。そのためにも、**「従業員エンゲージメント」**の向上に取り組むことが重要です。

「従業員エンゲージメント」とは、「従業員が会社に貢献したいという前向きな気持ち」を意味します。アメリカの調査会社ギャラップ社が２０１７年に発表した「State the Global Workplace-Gallup Report（2017）」によると、「日本における従業員のエンゲージメントは、非常に低い」という結果が出ており、１３９カ国中、１３２位と報告されています。

（参照）https://www.slideshare.net/adrianboucek/state-of-the-global-workplace-gallup-report-2017

日本で従業員のエンゲージメントが低い理由は、会社の方向性・理念が社内で共有されておらず、従業員の自発性や貢献意欲につながらないなどが考えられますが、裏返して言うと、「自分がなぜこんな仕事をしなくてはならないのか」、「あの人はなぜあんな仕事しかしていないのか」、といったことから生まれる会社への不満が大きいのではないでしょうか。

経営者であれば、誰しも社員にエンゲージメント高く働いてもらいたいものです。

本書で繰り返し述べてきた「**すてる**」「**わける**」「**しまう**」の3ステップは、社員のエンゲージメントも高める仕組みとなりますから、再度、そのプロセスを確認しておきましょう。

①「すてる」

「すてる」では、やらなくていいことをやめました。

この「やらなくていいことをやらない」ことが、「なぜこんな仕事をしなくてはいけないのか?」という不満から社員を解放します。

すなわち、無駄な作業が減ることで、エンゲージメントを高める効果があるのです。ですから、「すてる」のステップを思い切って実行することは大切です。

②「わける」

「わける」では、誰がその仕事をするのかを、ていねいに確認しながらわけていきました。

「やるべき人がやるべきことをやる」という当たり前に思えることができていないから

こそ、「なぜあの人はあんな仕事しかしていないのか」となってしまうのです。

ですから、「この人がこの仕事をやるべき理由」を問い、人がやらなくていいことは機械でできるようにしよう、他に適任がいればその人にやってもらおう、というように、「本当は誰がやるべきか」を、従業員を巻き込んで考えることが大切です。

③「**しまう**」

「しまう」では、誰がやるべきかわかった仕事をそれぞれに割り振ります。

「わける」作業を通じて「あの人があの仕事をするべき」とわかってくると同時に、「これは自分がやるべき仕事」であることもそれぞれが自覚し、納得できるようになります。

結果、仕事を割り振られた時に、「なぜこんな仕事をしなくてはならないのか？」という疑問を抱かなくなることで、全社的にエンゲージメントが高まるのです。

このように「**すてる・わける・しまう**」の3ステップではエンゲージメントを高める効果があることが理解できたと思いますが、実はそれ以外にもこんな効果もあります。

前項で、仕事を任せるには独立採算であることが望ましい、と述べましたが、経営者意識を持ったリーダーのもと、「**すてる・わける・しまう**」が実行できると、個人がやるべきこと、チームがやるべきことがわかってきます。そしてチームは勝手に動き出し、「全員参加経営」により目標が達成され、自然と独立採算も実現できるのです。

ただし、チームで動く時に注意する点もあります。

チームを細かく分け、さらに独立採算にすることで、つながりが薄れたりセクショナリズムが発生したりする可能性があります。スムーズな連携が取れなくなったり、争いに発展したりしてしまうと収益が落ちてしまいます。個人やチームでやるべきことが分かっている状況下では、情報共有とコミュニケーションの円滑化を図ることが重要です。その際に、マニュアルやフローにより仕事の流れの共通認識を作ったり、社内SNSを導入して従業員同士で質問・相談がしやすい環境を整備することも有効です。

「わける」作業で仕事を整理して、マニュアルやフローはある程度用意されているはずですので、それに基づいて指示を出すことで、仕事を依頼する側とされる側の認識のずれが少なくなるでしょう。

また、いったん作成したマニュアルやフローはそのままにせず、現場の声を聞いて改善する余地をもたせることも大事です。

持ち出しのリスクも考慮しなければなりません。なぜなら、良いチームができたとしても、内部不正によって企業が社会的信頼を失ってしまう可能性があるからです。内部不正の動機は、内部機密を流出させることで報酬を得られるといった経済的な動機のほかに、上司からのプレッシャーや組織内での人間関係や昇進に関する不満が引き金になる場合もあります。

上長がメンバーの意見を取り入れて仕事を改善する仕組みを作っていく、そういう姿勢によって、チームとそのメンバーも疲弊せず、生産性高く働くことができますし、会社のために貢献しようという気持ちが高まり、ノウハウの持ち出しといったリスクも小さくなるでしょう。

ここまでエンゲージメントを高める方法を考えてきましたが、実は、最初からエンゲージメントの高い人しか採用しない……というやり方もあります。

つまりは、会社の理念とズレがなく、貢献意欲の高い、目指す方向性が一致している人を採用するということです。

極論のように聞こえるかもしれませんが、本来会社のあるべき姿とはそういうものかもしれません。

最初に会社の理念、求める人格像をきっちりと提示して、それに合った人を採用し、働き始めてからも従業員に対して理念を共有し続けること、これこそがエンゲージメント高く働き続けてもらうためには必要なのです。

そのためにも、経営者は社内外に向けて、いつでも会社の理念を提示できるように準備しておかなければなりません。

きっと、ここまで私と共に「すてる」「わける」「しまう」のステップを進めてくださった皆さんには、決して難しいことではなくなっていることでしょう。

おわりに

最後まで本書をお読みいただき、誠にありがとうございました。

私が提唱する「片付け経営術」はいかがでしたでしょうか。

これまで私は、幾多の企業様の経営改善コンサルティングを行ってきました。どの企業の経営者も、みなさん並々ならぬ苦労と努力を重ね、お客様のために一生懸命働き、社員に少しでも豊かな暮らしを送ってもらいたいと願う方ばかりでした。

しかし、往々にして、そうした経営者の思いや苦労が従業員には伝わっていないというケースを目にしてきました。

せっかく会社を立ち上げ、理念を掲げて経営をしているのに、そうした思いや目指すべき方向性といったものが、従業員にはなかなか伝わらないのです。となれば、当然、喜びや苦労も分かち合うことはできません。

結果、経営者と従業員、双方がどのような仕事をしているのかも知らず、無駄な労力や資金を使い赤字を累積させてしまったり、思うような利益が得られなかったり、従業員同士のトラブルに悩まされたりと、気が付けば経営危機の状況に陥ってしまうのです。

そういうときは、まずは現状を把握することが大切です。会社の理念や目指すべき方向性の共有はもとより、経営者、そして従業員がどのような仕事をどのくらいの時間をかけ行っているのかを、1つずつ洗い出してください。

そして、そのすべてを言葉として具現化し、フローやマニュアルという形で〝見える化〟することで、双方の思いや考えを共有すると共に、現状を見つめ直すことができます。

その上で、再度考えてもらいたいのが、本書でも繰り返しお伝えしている「すてる・わける・しまう」の3つのステップです。

中でも、本書で一番大きなメッセージとしてお伝えしたかったのは、「すてる」作業です。本当にやらなくていいことは、もうやめましょう。無駄なことは潔くやめる決断をすることが、業務改善の大きな一歩となります。

逆に、本当にやらなければならないことは、〝やりたくてできる人〟に任せてください。それには、従業員一人ひとりが何を望み、何を得手・不得手としているのか、潜在的に備える能力や、これまでの経験とスキル、人間性といった部分をさらにブラッシュアップし、〝適所適材〟に配置することが大切です。

そのためには、業務をできるだけ細かく分けて明確にする＝「わける」作業を行ったのちに、分散化したそれら業務を組み合わせたり、改良したりしながら、人がやるのか、機械が行うのか、ＡＩなどのＩＴに委ねるのか、外部に委託するのかといった判断を下す＝「しまう」作業を行います。

この「しまう」作業を行う際は、すべてを経営者が担ったり、自社で賄ったりしようとせず、「外に頼る」という感覚を持つことがポイントです。

本書では、「すてる・わける・しまう」という手法を、短期的かつ即効性のある方法でご紹介してきました。

本書は、読むためにあるのではなく、実践し、使いこなすためにあります。ですから、ぜひ何度も読み返しながら全項目をコンプリートしていただくことで、ムリ、ムダ、ムラをなくした業務改善が実現するでしょう。

この３つの視点さえブレなければ、貴社の事業は必ずや右肩上がりの成長を遂げ、経営者も従業員も笑顔で過ごせる未来が待ち受けていることと思います。

最後までお付き合いいただき、本当にありがとうございました。

本書を執筆するにあたり、事例掲載にご協力いただいた経営者の皆さま、本書が世に出るきっかけを与えてくれた杉本幸雄さん、潮凪洋介さん、そして「片付ける経営®」というコンセプトで独立のきっかけを作っていただいた野村昌平さんに、心より感謝を申し上げます。

著者プロフィール

磯島 裕樹（いそじま ひろき）

慶應義塾大学経済学部卒。株式会社ＮＴＴデータにて15年間ＳＥを経験した後、コンサルティングファームを経て起業。

磯島コンサルティングオフィス代表、株式会社ProsWork代表取締役社長、maimani株式会社代表取締役、株式会社コンサラートアドバイザリーボード。

経営者の気持ちとＩＴベンダの考え方が分かるコンサルタントとして、「社員が活躍できる環境作り」をモットーに、伴走型のＩＴ導入支援やＩＴを活用した新規事業構築・経営改善を行っている。

読者限定・無料特典

URL:https://tidy-up.biz/lp

特典1：仕事の片付け　チェックリストプレゼント

本書でお伝えした45項目の内容について、チェックリスト形式で自己診断していただくことで、貴社の現状や改善点が見える化できます。

チェックした結果をもとに、ご自身で「片付ける経営」に取り組んでいただけますし、特典2の特別動画講座でご案内する個別相談の際にも活用していただけます。

特典2：片付ける経営　特別動画講座（全5回メルマガ）

本書でお伝えした内容の要点を動画とともにお送りします。復習をかねてご覧ください。

特典1のチェックリストご活用の際にもお役立てください。

※特典は予告なく終了することがあります。

Special Thanks to:

企画協力
潮凪 洋介(HEARTLAND Inc)

編集協力
佐藤 文子

小《ちい》さな会社《かいしゃ》の赤字《あかじ》が消《き》える仕事《しごと》の片付《かたづ》け

二〇二三年（令和五年）十一月二十三日　初版第一刷発行

著　者　磯島 裕樹
発行者　石井 悟
発行所　株式会社自由国民社
東京都豊島区高田三―一〇―一一　〒一七一―〇〇三三
電話〇三―六二三三―〇七八一（代表）
造　本　JK
印刷所　株式会社光邦
製本所　新風製本株式会社